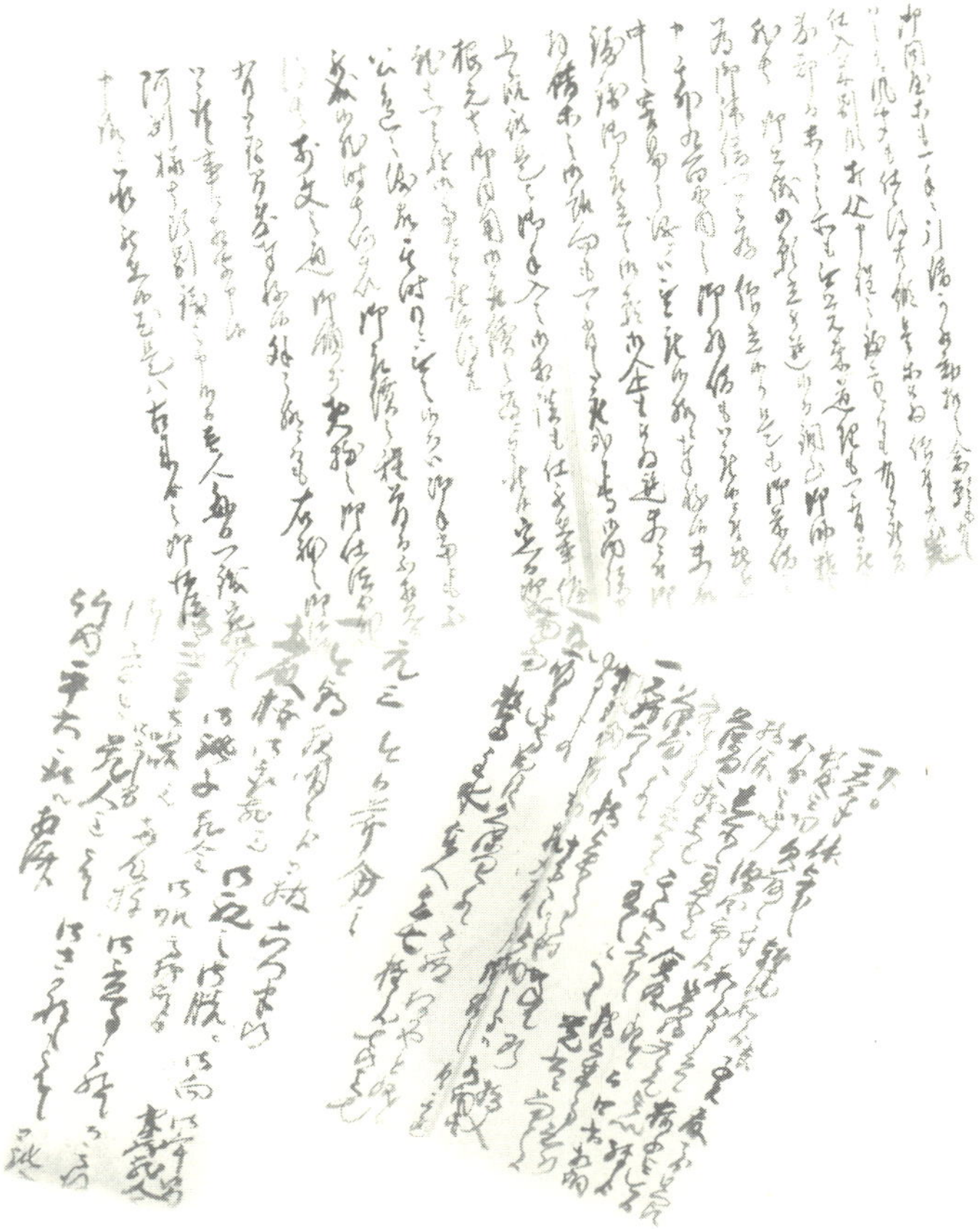

「秋田藩」研究ノート

金森正也

無明舎出版

◉表紙などの画像は「北家御日記」「色々合冊之部」（秋田県公文書館所蔵）によるものです。

「秋田藩」研究ノート＊目次

「秋田藩」研究ノート

序にかえて――秋田藩のなりたち

最初に「秋田藩」について、基本的な事柄を述べておきたいと思います。この小著は、いろいろなテーマを無作為に並べたもので、全体を一貫するストーリーがありませんから、最初にタイトルにもある秋田藩ということについて、簡単にでも説明しておくことが読者に対する礼儀だと思うからです。

秋田藩に関する江戸時代の史料を読んでいくとよく出会う語句や、本書の中で取り上げるテーマをよりよく理解するための前置きとして読んで頂ければありがたいと思います。おそらく、この本を手にとってくださる方は、歴史や郷土史に関心のある方が多いと思いますから、そんなことは分かっているというようなことを書いている部分もあるかと思います。そのようなところは読み飛ばしていただいても結構です。いわゆる「通史」ではありませんので、その点、ご了解ください。

本書のタイトルにある「秋田藩」という言葉は、研究者が便宜的に用いている用語です。江戸時代、自治体を示すような意味での「藩」という言葉はありません。江戸幕府は制度として「藩」という組織は設けませんでした。明治元年（一八六八）、新政府は旧幕府領を府・県とし、もとの将軍家を含む大名領を藩と公称することにしました。秋田は久保田藩となりますが、廃藩置県の直前の明治四年（一八七一）一月十三日付で秋田藩と変更されます。そして同年七月の廃藩置県により秋田県となります。したがって、制度上秋田藩という公称が存在したのはわずか数か月ということになります。

ただ、近世史研究で特定の大名領を示す場合、便宜的にこの明治初期に存在した藩名が用いられているわけです。したがって、時代劇などで、屋敷門に大きな看板が掲げられ、「□□藩屋敷」などと表示されることはあり得ません。ただし、学問的に「藩」という言葉が用いられることはありましたし（新井白石の『藩翰譜』など）、幕末になると浪士たちが自ら属する大名家の事を□□藩と言うようになったようです。

話をもとに戻しますと、したがって「秋田藩」は「久保田藩」でもいいわけですし、時間的には「久保田藩」のほうが用いられたのが長いので、こちらが正しいと考える人もいるようです。しかし、実際江戸時代の史料にあたってみると、佐竹氏を「秋田様」、その領地を「秋田領」とよんでおり、「久保田」は城下町に限定されるかたちでしか用いられていませんので、通常は「秋田藩」で問題はありません。

なお、藩に大名家の名を付けて呼ぶ方法（たとえば「佐竹藩」）は、実際には存在しませんでしたし、通常は用いられません。かつて「津軽藩」「南部藩」という語も見受けられましたが（津軽と南部は地域を示すという点で佐竹氏とは異なります）、現在では「弘前藩」「盛岡藩」で統一されているようです。

秋田藩は、慶長七年（一六〇二）に、佐竹義宣《よしのぶ》が常陸から出羽国に国替えになって成立します。豊臣政権時代は、常陸に五四万五千石余を有する大名でしたが、関ケ原の戦いで東軍に非協力的な態度をとったために、出羽に転封《てんぽう》となったのです。そして、そのことが影響したためか、出羽国替えとなった後も秋田藩には、領知高が明示されませんでした。徳川幕府のもとで存続する諸大名は、その領地高に見合った務め（これを軍役といいます）をはたさなければなりませんでしたから、その基準となる領知高が示されないということは、佐竹氏に大きな不安を与えたはずです。

許可なく鉄砲を使用して鳥撃ちをした農民に対して、磔《はりつけ》を命じ、しばらくはそのままにして領民に対する見せしめとするような高圧的な側面を見せる一方で、元和五年（一六一九）に広島の福嶋正則《ふくしままさのり》が幕府の許可を得ないで城普請《しろぶしん》をしたために改易《かいえき》となった際には、義宣は国許に対して、たとえわずかな普請でも自分からの指示がない場合は決して行なってはならないと国元に命じるなど、幕府に対しては他の大名以上に気を配っていたことがわかります。

佐竹氏は、秋田の人々からみると外から入ってきた、いわば〝征服軍〟ですから、先住の領主の家臣や農民たちの抵抗勢力の動向にも気を配る必要がありました。そのため秋田藩は、軍事的な要所に佐竹氏の分家（一門）や有力な家臣たちを置き、その下に多くの家臣団を軍事力として配置しました。この一門や有力家臣を所預《ところあずかり》、その下で軍事力を構成した家臣たちを組下給人《くみしたきゅうにん》と言います。ただし、所預と組下給人は、軍事編成上は後者が前者の指揮下に入りますが、藩主との主従関係ではともに直臣であり、両者の間に主従関係があるわけではありません。そして秋田藩は、こうした事情もあって、個々の家臣団の多くに土地で給与を与えるという方式を採用します。これを地方知行制《じかたちぎょうせい》と言います。これに対して藩の直轄地を蔵入地といいますが、全体のおよそ七割が地方知行であり、この体制は幕末まで続きます。

家臣団は、上位のものからあげると、一門（佐竹氏の苗字を名乗る五家）・引渡《ひきわたし》（門閥中の首位一五家）・廻座《まわりざ》（譜代門閥の有力な家）・一騎《いっき》（禄高が一五〇石以上）・駄輩《だはい》（九〇石以上）・不肖《ふしょう》（三〇石以上）・近進《きんしん》（三〇石未満）・近進並《きんしんなみ》（臨時登用者）という区別がありました（『秋田県史』）。しかし、一門から廻座まではいわゆる家格であり、それ以下の家臣がいくら加恩に預かって禄高が増えてもその位置に加わることは通常ではあり得ませんでした。

ですから『県史』では、一門から不肖までをとらえて「六種の家格があった」と説明していますが、あまり適切であるとは思えません。一門・引渡・廻座が家格であり、一騎以下は禄高の多寡による家臣の呼称であると考えるべきだと思います。なお、本書では、一騎から不肖までを「諸士《しょし》」という表現で表しています。

藩を実質的に支えたのは、人口のほとんどを占める農民です。農民は、検地帳に登録されることで「百姓身分」となります。これは、秋田藩に限らない、近世国家の特徴ですが、検地帳登録者＝土地の耕作者＝年貢負担者＝土地保有者（所有者ではありません）というシステムを作り上げました。しかし、江戸時代二六〇年を通して常に農民の存在形態が同一であったわけではありません。研究史では、近世農民の一般的な姿は

「単婚小家族」（親と子を単位とする家族。これを「小農《しょうのう》」と言います）だとされていますが、実際には秋田のような中央から離れた地方では、かなり遅くまで複数の世代で構成されたり、さらには血筋のつながらない下人《げにん》家族を抱えたような大家族経営が存続します。ただ、全体の流れとしては、そのような大家族も徐々に下人などを放出して、いわゆる「小農」経営に近づいていくものと考えられます。ただし、この問題をしっかり明らかにした研究は、秋田に関してはないようです。

さて、近世国家を特質づける原則の一つが石高制《こくだかせい》です。これは、検地によって土地の生産力を把握し、それを米の収穫量に換算して把握・表示する制度です。そしてこの石高が、農民が負担する年貢・諸役から、大名が幕府に対して負担する軍役まで、すべての課役の基準となります。

検地はその石高を把握するための大切な作業ですが（幕府領は幕府が、大名領は大名が実施します）、ここには大きな問題があります。それは、はたしてすべての土地の収穫量を正確に把握できるのか、という問題です。検地は、土地の広さを測量して、それを一反あたりの米の生産高に乗ずることで石高を把握する行為です。その、土地一反あたりの米の生産高を決定する行為を石盛《こくもり》といいます。

しかし、全国すべての土地について、一反ごとに米の生産量を実際に丈量したわけではもちろんありません。したがって、検地によって石高が決定されたといっても、そこには多分にフィクションの部分が含まれているわけです。そして、ある大名の領有する土地の検地高の総和が、その大名の領地高になるわけでもありません。秋田藩について言えば、六郡の村高と下野《しもつけ》領（秋田藩は、下野に約五〇〇〇石の飛地《とびち》を持っていました）の村高をすべて足した数値が二〇万五八〇〇石になるわけではないのです。

つまり、同じ石高といっても、大名の領地高を示す場合、ほとんど政治的に決定された数値であると言ってよいのです。たとえば、米の生産がほとんど行われなかった松前藩や対馬藩の場合、前者が一万～二万石、後者が一〇万石とされていました。この場合大名の領地高は、幕府に対する軍役の基準であるほかに、大名相互の格を示す数値でもあったのです。

『国典類抄《こくてんるいしょう》』には、幕府から命じられるさまざまな「御手伝普請《おてつだいぶしん》」を「軍部」の巻に載せていますが、このことは、同書の編者たちがこれらの幕府の命令を「軍役」として認識していたことを明確に示しています。戦乱が終結しても、大名は幕府に対して常に軍役をはたすことで奉公する姿勢を義務づけられていたわけです。基本的にこの命令が出されると、その領地高に応じて必要とされる人足や物資の代金を納入しなければならず、莫大な費用が藩にのしかかってきます。『国典類抄』は享保十八年（一七三三）の記事までしか載せていませんが、このあとも同じような御手伝普請が不定期に命じられています。

そしてこれとは別に、秋田藩独自の課役として近世を通じて務めたのが、長崎御用銅の納入でした。よく知られているように、幕府は長崎を直轄地として、そこでオランダと中国を相手に独占的な交易を行いました。その際、日本の主要な輸出品は銅でした。幕府は、それを調達するために、全国の主要な鉱山を有する大名にその納入を義務づけますが、阿仁銅山を擁する秋田藩は特に重要な役割をはたしました。享保年間の幕府の割付高と実際の確定高では、秋田が群を抜いています（伊予国の別子銅山がそれに続きます）（今井典子、二〇一五）。銅の納入高に変更はあるものの、秋田の重要性は、近世を通じて変わりません。これは、秋田藩に義務づけられた、一つの「家役《かやく》」であったと言ってよいかと思います。もちろん、銅の納入に対してはその代金が幕府の銅座から支払われましたし、鉱山の維持費を名目として、幕府から多額の拝借金を引き出すことも可能でした。秋田藩の銅生産が長崎貿易を支えたと言っても言い過ぎではありません。

村の場合、検地帳に記載された石高が、年貢や諸役の基準となります。佐竹氏は、出羽六郡に入国した後、領内総検地を三回行なっています。一回目は、入部直後の慶長八年（一六〇三）頃に実施され、これを先竿《さきざお》とよんでいます。そして、慶長十四年頃の中竿《なかざお》、正保三年（一六四六）から慶安元年（四八）にかけて実施された後竿《あとざお》の、計三回です。

それぞれの検地の特徴を一口で説明することはできませんが、あえて整理しておくと、先竿は、佐竹氏が入国する以前の郷村のあり方を解体し、佐竹氏の支配に都合のよいかたちに新しく村を再編成していく（これを村切《むらぎり》といいます）ことを目的としたもの、中竿は、新田開発による耕作地の拡大という現実をふまえながら、大家族経営を行う農民から小農民、隷属農民に至るまで、彼らと土地の関係の実態を把握しようとしたもの、後竿は、小農自立の把握とそのいっそうの推進をはかったもの、と言うことができるようです。

年貢は石高に免（年貢率）を乗じることで得られます（秋田藩の場合「当高」という特殊な数値が用いられていますが、それについては本論部分で述べています）。しかし、農民には、米で収める本年貢のほかにさまざまな負担がかけられていました。秋田藩の場合、よく史料に出てくるのは、小役銀《こやくぎん》と五斗米《ごとまい》です。

近世初期には、幕府が成立したとはいってもまだ軍事的な不安は多々残っていましたから、大名は実際の戦闘を想定した準備をしておかなくてはなりません。そのために特に重要なのは人馬の準備です。大名の軍事力は、家臣団を構成する個々の武士が集まることで実現しますから、個々の武士もその準備が必要でした。ですから、藁や糠など馬の飼料となる物資、そのほか知行主の屋敷の冬囲いの垣根などの納入や、人足を必要に応じて出すことが求められました。これも農民の負担だったわけです。

ところが、時代が安定する一方で貨幣経済が発展してくると、これらのものが貨幣で代納されるようになります。藁草や糠などが銀納化されたものを小役銀と言い、これが現れるのはだいたい慶安年間（一六四八～一六五二）だと言われています。また、人足（これにもいろいろな種類がありますが、ここでは省略します）は、当高一〇石について米五斗を上納することに換えることになります。これを五斗米と言います。

もっとも、戦争がなくなっても、幕府は、江戸城の普請や河川の普請にあたって、「御手伝」と称して不時に大名に対して負担をかけてきますから、そのような場合は、これらとは別に国役という名目で、高に対して役銀を賦課されることもあります。このほか、街道の宿駅に対して人馬を提供する伝馬役《てんまやく》なども重要な農民の負担でした。

なお、年貢＝税金と考える人がいますが、それは正しくありません。私が若い頃初めて著書を出したとき、読者の方から「なんでも収奪収奪と言うけれど、我々が払っている税金も収奪ですか」という、たいへん激しいお叱りの手紙を頂きましたが、時代と仕組みがまったく異なるものを同一視するためにこのような曲解が生じます（ただし、現代にも収奪ということがあてはまるものがあると私は考えますが）。

第一に、江戸時代の年貢は、それを取られる側の合意を得たものではありません。第二に、これがまったく現代国家と異なるところですが、収められた年貢はそのすべてが公的な場面で利用されるのではなく、大名の私的な部分（衣食住から冠婚葬祭・音信贈答にいたるまで）に多くが使用されるということです。現代社会で、議員や公務員が公費を私的に流用すればただではすまないことはおわかりのはずです。ただし、近世国家では、公的な部分と私的な部分が未分離であるという側面もありました。たとえば、大名が参勤交代や御手伝普請にともなって行う音信贈答は、藩の存続という面で必要なものであった、というような側面です。

そこが、前近代であることの所以《ゆえん》の一つでもあります。

最後に、藩制史を研究することの意義についてふれておきたいと思います（これは秋田藩だけでなく、他の例にもあてはまります）。もちろん、「温故知新」的な意味での関心や、郷土の偉人顕彰などの問題関心から研究されるケースもあるでしょうが（そしてそれはそれで意義ある事だとは思いますが）、ここでは私の問題関心に沿って述べてみます。

藩というのは、武士のつくった制度だけの問題ではなく、近世社会の縮図がおさめられた世界であると考えます。そこには武士だけでなく、農民や町人、さまざまな職業を持つ人々が暮らし、一つの制度によって支配されている空間なのです。

私は、地域史の課題は、それぞれの歴史段階において、その地域の人びとが克服しなければならないものとして直面した課題を明らかにしながら、彼らがその問題とどのように対峙していったかを明らかにすることであると考えています。その意味では、政治制度・経済にとどまらず、文化や思想や身分の問題が関連しながら存在する藩という空間は、恰好な研究の素材であると考えます。

もちろん、上から設定された行政区画と地域とはかならずしも一致しません。しかし、藩という権力機構によって支配される領域に存在していることが地域住民にとって大きな歴史的条件になっていることも事実です。とすれば、右に述べた課題に接近する最良の方法として、まず藩を場として分析してみるという方法があげられると思います。

藩制成立期の問題を扱うにしろ、後期・解体期の問題を扱うにしろ、それは国家の大きな変わり目を明らかにするということにつながります。たとえは、戦後の歴史学のなかで、「藩政改革」が大きなテーマとして取り上げられたのは、明治維新がいかにして現実化したかという大きな問題関心があったからです。「近世」は、いわば「近代」(これはかならずしもよい意味ばかりで使っているわけではありません)を生み出す長い長い準備期間であり、そのなかに、どのようにして「近代」国家を誕生させる要素が生まれてくるか、という問題です。しかし、およそ二六〇年も続いた「近世」国家は、それだけで世界史的に見ても特殊な封建国家です。その「近世」国家がどのような特質をもって存在し続けたかということもまた、検討の対象となりうるでしょう。その場合でも、藩という領域をフィールドとして検討してみることが、有効な方法であるように思われるのです。

なお、史料の引用は原則として書下し文に直し、適宜ルビを付しました。また参考文献については、本文中（ ）内に筆者名と発表年のみを記し、巻末に一括して載せました。

「当高」制とは何か

秋田藩について考えようとする場合、まず問題となるのは当高《とうだか》制だろう。秋田藩政に興味をもって勉強を進めていく多くの人が、まず疑問に思うのがこの「当高」という制度だと思うからである。

先日、『秋大史学』六二号に半田和彦氏が書かれた論文のなかで（半田和彦、二〇一六）、当高制について言及した部分を目にしたのだが、その説明が気になった。この論文は、当高を「これまでの検地高（中略）を基準に給人に与えた知行高では与えられた村の免の違いによって給人の物成収入に差が生じることになる。この不公平、格差への解決策として採用されたのが六ツ成高=当高制であった」とし、脚注に「当高制については『秋田市史』通史編の序説「秋田《（マヽ）》と幕藩制のなかの六ツ成高（当高）に詳細な説明がある」としている。

じつは、私は一九九一年（平成三）に、『秋大史学』において「当高」についての論考を発表させてもらい、そこで当高制について詳細に論じたことがある（金森、一九九一）。この時、当高制についての本格的論考といえば、半田市太郎氏のものしかなかった。半田市太郎氏の論考は、『秋田県史』通史編近世上（昭和四〇年度版）に詳しい。私は、それに建設的な批判を加えることで、難解とされていた当高制の本質を明らかにしようとしたのである。

しかし、冒頭にあげた論文は、先行研究として『秋田市史』のみをあげ、私の論文への言及はなかった。

執筆者が、私の論考を読んでいなかったのか、引用に価いしないと判断して無視したのか、いずれかはわからない。しかしつまらない内容の論文が多い私の研究の中で、この当高制を論じたものは、それなりに客観的な評価を頂いているものと自負している。しかも、冒頭の説明は、私からみれば非常に誤解をまねく内容である。そこで、この場をかりて、郷土史に関心を持たれる方が理解されやすいように、当高についての説明をしてみたい。

まず、冒頭の論文の説明が、わかるようでよくわからない。検地高にそれぞれの免《めん》（年貢率）をかければ、当然年貢高には違いが生ずるが、この場合の「不公平、格差」とは、具体的にどのようなことをさしているのだろうか。この部分を明確にしておかないと、よくわからない説明になってしまうのである。半田和彦氏は、当高は「この不公平、格差への解決策として採用された」といっている。文字どおり読めば、年貢高の格差が解消されたと読めるが、それでは話がなりたたない。なぜなら、半田氏も書いている通り、当高の数式は「高×免×10／6＝当高」である。これに免をすべて六割に設定して、当高にこれを乗じて年貢高を算出するのが当高制である。すなわち、

当高＝検地高×免×10／6

年貢＝当高×6／10

となるのであるが、これでは結局、年貢高は、「検地高×免」となり、年貢高の差違は解消されない。とすると、半田氏のいう「不公平、格差」とはなにをさしているのかという疑問につきあたる。

そこで今度は、半田氏が引用の典拠とされている『秋田市史』通史編の説明を見てみることにした。やや長い引用になるが、お付き合い頂きたい。『秋田市史』は、次のように述べる。

（前略）村によって免は様々だった。（中略）知行を与えられた村の免によっては家臣間に大きな格差・

不公平が生まれることになった。例えば、同じ知行高一〇〇石でも、ある村は免三つ成だったとすると、実質物成収入は三〇石である。ところが免六つ成だと物成収入は六〇石になるのである。免三つ成の検地高一〇〇石を「六つ成高」に換算すると五〇石になる。このように、検地高そのままではなく「六つ成高」に計算し直して知行を宛行うとその不公平は解消されることになるのである。

（『秋田市史』第三巻4〜5頁）。

ここでも「不公平」の具体的内容は説明されていない。この文章だと、三〇石から五〇石に是正されたというように読めるが、三〇石は年貢高であり、五〇石は当高の数値である。年貢高は当高に6／10を掛けて得られるから、やはり三〇石である。市史の筆者は、三〇石→五〇石という数値の変化をもって不公平の解消と言いたかったのではないだろうと思う。しかし、そのように読みとってしまいかねない説明になっていると私には感じられる。

私が危惧するのは、冒頭の論文にしても、この説明を読まれた一般の人が、当高は、年貢収入そのものの不公平をなくすための制度と理解しはしまいか、ということである。当高が「検地高×免×10／6」であり、年貢高が「当高×10／6」であるとすれば、結局、

年貢高＝検地高×免×10／6×6／10

となり、数理上はまったく意味をなさない。しかし、藩はそうした数式の操作を行った。それはなぜか、ということこそが問われなければならない。

まず、次のように設問を立ててみよう。物成高を変更しないで、表面上免を六ツ成にした場合、その高はどう変化するか、という問題である。それは、以下のように考えられる。ある土地の物成をaとすると、

a＝検地高×免

この物成aの値を変えず、免を六ツ成に変更した場合、高を変化させなければいけないが、この高をxとすれば、

$$a = x \times 6 / 10$$

となる。したがって、どちらもaの値は同じであるから、

$$x \times 6 / 10 = 検地高 \times 免$$

$$\downarrow$$

$$x = 検地高 \times 免 \times 10 / 6$$

となる。このxが当高である。

それでは、このように計算することで算出された当高はどんな役割をはたしたのか。一つの例をあげて検討してみよう。（以下は仮定の数値である）

検地高四〇〇石の土地で、①免（年貢率）が七ツ五分（七・五）、②六ツ（六・〇）、③三ツ（三・〇）、の場合を想定し、人夫を当高一〇〇石につき一人を動員するものと仮定する。すると、次のようになる。

検地高	免		当高	人夫
①四〇〇(石)	×〇・七五	×10／6＝	五〇〇(石)	五人
②四〇〇(石)	×〇・六	×10／6＝	四〇〇(石)	四人
③四〇〇(石)	×〇・三	×10／6＝	二〇〇(石)	二人

人夫の動員は、給人に課せられた軍役である。つまり、この軍役が、免六ツの場合を基準として、それ以上の場合は負担増、それ以下の場合は負担減となるのである。高免の知行地をもつ家臣の軍役負担は相対的に増加し、低免の場合はそれが軽減される。農民が納めるべき藁・糠・人足・江戸詰夫など、すべて当高によって計算される。これが「公平化」の意味である。年貢そのものの格差が解消されたわけではないのであ

る。

なお「当高」計算のなかに、すでに年貢産出の計算が含まれていることも重要である。つまり、家臣団の高は検地高そのものではなく、年貢高を基準とする数値に換算されているのである。

それは、地方知行制をとっているとはいえ、藩によって、給人による恣意的な年貢収奪を規制する枠がはめられているということである。かつて、地方知行制は、中世的土地所有形態の残滓《ざんし》だと考えられたことがあった。しかし、当高制は、給人による恣意的な年貢収奪を牽制する内容を持つという点で、きわめて近世的な地方知行制の誕生を物語るものなのである。

「向高」ということ

「向高」ということについて述べたい。農村史料を見ていると「向高証文」という史料に出会うことがある。これは、給人の知行権にかかわる問題を含んでいる、面白い史料である。結論から言えば、これは給人が持つ知行権の質入れである。

以下に、「向高証文」を二通紹介する（書下し文にし、ルビは、金森による）。

向高証文

調銭弐拾五貫文、利足弐歩半にて借用申所《もうすところ》実正《じっしょう》御座《にござ》候《そうろう》、返済の儀は仙北郡高関上郷村当高拾八石の内拾石其元《そこもと》へ指向《さしむけ》、右物成・小役銀共百姓方より当辰ノ暮より済切《すましきり》の年迄急度《きっと》上納致させ申すべく候、尤此末御指上高《さしあげだか》等ニ致間敷《いたすまじく》候、其為《そのため》百姓共方より別紙連判の証文指し出させ申候、仍て一筆かくの如くニ御座候

明和九年辰三月一六日　　　奈良武助

高関下郷村　斎藤勘左衛門殿

（調銭二五貫文、利足月二歩半で借用することに間違いありません。返済については、仙北郡高関上郷村、当高一八石の内一〇石をあなた様に差し向け、その物成・小役銀とも百姓たちより、当年の暮から返済がすむまで間違い

なく上納させます。もっともこの先、この高を藩への差上高《さしあげだか》などにはいたしません。そのため、百姓たちのほうからも別紙で連判の証文を出させます。よって一筆差し上げます。）

証文之事

調銭弐拾貫文只今借用申処《もうすところ》実正也、右銭御地頭奈良武助様先納《せんのう》ニ御座候、尤御返済之儀ハ別紙の通辰年より当高拾石の御物成・小役銀御返済これ無き内年々其許へ上納つかまつるべく候、もし滞《とどこおり》御座候ハ、百姓中ニて御弁用仕候、為其《そのため》一筆如件《くだんのごとし》

明和九年辰三月十七日

高関上郷村　七郎右衛門（印）

（以下五名連印）

高関下郷村　斎藤勘左衛門殿

（調銭二〇貫文、このたび借用することに間違いありません。右銭は、御地頭（給人―注金森）奈良武助様に納める年貢の先納分として使います。返済については、別紙の通り、今年より当高一〇石の物成・小役銀を、返済するまで毎年あなた様へ上納いたします。もし滞ることがあれば、百姓たちでお支払します。そのため一筆認めます。）

（以上、斎藤頼太郎家史料、秋田県立博物館寄託資料）

この二つが対になっていることは、内容と日付を見ればおわかり頂けると思う。借用額に違いがあるが、どちらかの記載ミスかと思われる。奈良武助は、高関上郷村《たかせきかみごう》（現大仙市《だいせんし》）に給地をもつ給人であり、斎藤勘左衛門は、高関下郷村の在郷商人である。ふたつ目の証文の七郎右衛門以下の百姓は、奈良武助の知行地百姓であろう。

この二通の証文から、次のことが言える。実質的に借用銭を手にするのは、百姓ではなく奈良武助である。

その返済は、高関上郷村に持つ給地の一部の年貢をあてるとしているが、これは単年度で済むのではなく、返済がすべて終わるまで続くと言っているのであるから、実質的には知行権の質入れである。そして、借用の担保として「当高一八石の内一〇石をそこもとに差し向け」るとあるから、これは、「むかいだか」ではなく「むけだか」と読むのが正しい。

もう一通引用しよう。やや長文なので、全文を現代語訳して紹介する。

向高証文の事

一　調銭四百六拾三貫文也

右の通りただいまたしかに受け取り、借用したことに間違いありません。今回の借用のわけは、御地頭（給人―注金森）守屋肇様から、必要なことがあって銭の調達を依頼されたのですが、私たちの手にはおよびかねるので、あなた様にお願いし、借用させていただく次第です。この返済については、当村に守屋様がお持ちの給地、当高一〇石三斗三升五合の分の物成や役銀でお支払いすることになりますが、来年から二〇か年、そちらさまにさし向けますので、毎年右の銀穀ともに相違なくあなた様へお渡しいたします。（中略）銀穀は毎年十一月を限りにお渡ししますので、もしお支払いが滞るような場合は、催促人をお付けいただいても結構です。その場合は、その賄い費用として一日一〇〇文ずつ差し上げます。また、御地頭様よりこのことについてどのようなことを申し出てきても、私たちが連印してこの証文をお出しするうえは、あなた様には決して迷惑をおかけすることはありません。よって、肝煎・長百姓が連印し、なお平山文一郎様より裏判をいただいて一札を差上げる以上は、右年季中いっさい相違のないようにいたします。後日のため証文を差上げます。）

文政五年午十一月

新角間川村百姓　小左衛門（印）
同村肝煎　長五郎（印）
同長百姓　惣右衛門（印）

角間川村吉右衛門様

（「本郷家文書」、国文学研究資料館所蔵資料）

中略とした部分には、借用した分の半額を切り捨ててもらい、残り二三一貫文を返済することになったことが述べられている。

こちらの方がより知行権の質入れとしての性格がはっきりと示されている。差出人は農民だが、上納が滞った場合、催促人をつけてもよいとしている。年貢の催促人を給地に派遣することは、給人が自分の給地に対して行った行為であり、藩はしばしばそれを禁止している。ある意味、法は禁じているが、隠れた給人の権利であるとも言える。これを債権者に譲っているのである。宛名の角間川村《かくまがわむら》吉右衛門は、同村の在郷商人で、明治にかけて大地主に成長する本郷《ほんごう》家の当主である。給人守屋肇《もりやはじめ》が、何らかの必要があって四六三貫文を本郷家から借用した。その担保として二〇年季で、その給地一〇石三斗余の権利を本郷家に預けたのである。終りの方に出てくる平山文一郎《ひらやまぶんいちろう》は、郡方吟味役《こおりかたぎんみやく》である。その平山が、裏判までしてこの貸借関係を保証しているのはどうしたことだろうか。

藩は財政難を理由に、すでに一七世紀後半から借知《しゃくち》政策を行なっていた。通常で半知借上《はんちかりあげ》、ひどいときには、給人の収入の六割を借り上げた。給人の経済的逼迫《ひっぱく》には、藩も大きな責任を負っていたのである。給地は、藩主から頂いたもの（預かったもの）であり、当然質入などしてよいものではない。しかし、その他の方法といえば、違法に農民を収奪するしかない。それをしすぎると、農民との間に軋轢がおこる。そこで考え出されたのがこの方法である。ここでは、藩の役人も、タテマエとホンネを使い分けている。結論をいえば、向高は、たんに支払いに困った際に年貢で支払ったというものではなく、給人の知行権の質入れなのである。そのような行為がほぼ恒常的に行われ、藩もそれを黙認せざるを得ない段階にきているところに、藩、ひいては幕藩体制の矛盾が深刻化していると考えるべきなのである。

なお、この向高証文は、それほどめずらしいものではない。農村史料にあたっていけば、めぐりあうチャンスは多い。先日、ある会でこのことをお話したら、それを聞いてくださった方が、ボランティアで史料整理をしていて、偶然「向ヶ高証文」と、「ケ」の送り仮名のついた史料をみつけたと教えて下さった。自分が話したことが、自分とかかわりのないところで確認されるほど嬉しいことはない。

近世後期の高について

「高《たか》」は、土地の生産力を示すものだとよく言われる。高校の日本史でもそのように教える。ある土地が検地帳で五石と示されていれば、そこから五石の米がとれるということである。たしかに、近世初期において、幕府や大名は、年貢収入を確保するために検地を行ない、土地ごとの収穫量を想定して石高を決定した。しかし、幕藩制が確立してからも、石高は正しくその土地の生産力を示し続けていると言えるのだろうか。

秋田藩の場合、転封後の領内総検地は三度行われており、最後のものが、正保三年（一六四六）から慶安元年（一六四八）にかけて実施された後竿《あとざお》と呼ばれる検地である。その後に行われた検地は、新田開発に対して実施されたものか、農民たちの要請に対応して行われる打直《うちなお》し検地である。新田開発であれ土地の荒廃であれ、時間の経過は土地の状況を変化させたはずであるが、後竿以降、藩はとりたてて領内総検地ということを行っていない。

それでは、高そのものに変化はなかったということなのだろうか。いや、高の数値というよりも、生産力の変化は？ という問いかけの方が正しいだろう。一八世紀の後半になると、農地の荒廃を訴えて、藩の「仁政《じんせい》」の執行を求める農民の訴願が多くなる。原因は、潰れ百姓や離農化現象の増加による耕作者不在の土地、いわゆる「無符人高《むふにんだか》」が増えてくるからである。とすると、実質的な生産力は減少していることになるはずであるが、そうなのだろうか。

次の史料を見ていただきたい（書き下し文）。

三田《さんでん》証文の事

貴殿持高の内、当高四石余の在所物成拵《こしらえ》の米、割升三斗入九拾俵に相定め、一作預三田に申すところ実正に御座候。よって秋中には相定《あいさだめ》の俵物一番舟場出し同様に急渡《きっと》上納つかまつるべく候（中略）。後日のため親類受合をもって判形《はんぎょう》証文など上げ申し候へば、毛頭《もうとう》相違御座なく候。よって一筆件のごとし。

文化八年未閏二月二日

二本柳村三田預主　藤八（印）

黒川村親類受合　新左衛門（印）

角間川村　吉右衛門殿

これは「三田証文」と呼ばれる文書《もんじょ》であるが、簡単に言えば、小作地の作預《さくあずか》り証文である。「三田」とは「さんでん」と読むが、これは「散田」のあて字である。「散田」は、中世の史料にもよく出てくる語句で、荒廃地を意味し、ここでは、この文書の宛先となっている角間川村吉右衛門が、農民から買い集めた土地をさしている。

この角間川村吉右衛門は、同村の在郷商人で、明治にかけて大地主に成長する家である。この地主の集積地を「三田（散田）」とよぶところに大きな特徴がある。この証文は、二本柳村の農民である藤八（肝煎でもあった）が、本郷家の所有する「三田」四石を預かって耕作するという契約を行ったものである。じつは、藤八は、これ以前に本郷家に対して経済的な事情から、自分の耕作地を売り渡していた（この証文も存在している)。つまり、自分が売り渡した土地を、あらためて自分が小作として耕作する権利を認めてもらったものなのである。これは「直小作《じきこさく》」と言って、とくにめずらしい現象ではない。問題は、その小作料(米)にある。ここでは一行目にみえるように、三斗入九〇俵を納めることになっている。

当高四石の土地である。免も検地高も不明だが、かりに免が五ツ(年貢率五割)だとして、検地高は四石八斗である。つまり、この土地からは四石八斗の米が生産されるということである。ところが、小作米は三斗入が九〇俵だという。これは石高にすると二七石である。これは年貢率五割と想定した検地高の、約五・六倍である。

私は、この部分にひっかかって、最初に出版した著書の中で、明言はできないけれども、石高(当高でもよい)の数値は、土地の生産力の実態を示さなくなっているのではないか、という意味のことを書いた。そうしたら、郷土史家を自称する方にひどいお叱りをうけた。要は、史料の読み間違いをしたに相違なく、自分の誤読を棚に上げて、そのような無責任なことを述べるのは何ごとか、というのである。これにはまいった(いや、別の意味で)。批判されたご本人が同じ史料にあたられて「誤読だ」というのならばわかる。しかし、その方は、自分で見ていないものを、自分が納得できない内容の数値になっているという理由だけで私の誤読だというのである。

それから、退職をまじかに控えて、過去のものを全面的に書き換えてまとめようと思い立ち、先の史料をもう一度撮影するため上京した(先の史料は東京立川市にある国文学研究資料館が所蔵)。その史料だけでなく、関連する本郷家の地主関係の史料を大量に撮影してきた。先の問題に関していえば、私の「誤読」ではなく、引用した通りの数値であった。すると、やはりこの問題はそのまま、今に残ったことになる。今回の撮影では、同様の史料をできるだけ集め、「三田」の当高と、小作米の額の相関を調べてみようと思った。すると、例外なく、「三田」の当高よりその小作米の高の方が圧倒的に多いのである(調べた限りのものは、拙著『藩政改革と地域社会』のなかに表として整理してあるので、興味のある方は、図書館などでご覧になってください）。ただし、年貢高と小作米と比較した場合、そこには一定の規則性は認められなかった。所定の年貢高と小作米を比較すると、少ない場合で後者が前者の四倍、多いものだと数十倍という例もある。これでは規則性などというものは指摘できない。

ただし、次のことだけは言えそうである。つまり、本郷家が集積した「三田」は、その名称に反して非常に生産力が高い土地であり、当高は、その生産力の実態をもはや正確に示してはいないということである。同じく本郷家の経営を詳細に分析された半田市太郎氏は、同家の小作米の平均値が、当高一石あたり三石四斗余であることを指摘している（半田市太郎、一九八九）。やはり、実際の土地の生産力は公的に表示された高を上回るとみている。

当然、藩もそのことは熟知していた。天明四年（一七八四）、藩は「十三割新法」（じゅうさんわりしんぽう）という、たいへん興味深い政策に打って出る。高に関する点だけを言えば、五斗米《ごとまい》や小役銀《こやくぎん》などの諸役を免除するかわりに、当高一石につき一石三斗の年貢を納めるものとする、という内容の制度である。つまり、この発想の前提には、公的に把握されている高以上の生産高が見込めるという事実があるということである。藩は、この法令のなかで、こうした方が農民にとっても有利なはずだと説いている。「年貢＝当高×6／10」であるが、まずこの6／10を乗ずることをやめ、さらに〇・三石を足して年貢を取るというのである。

ここには、それでも農民の側には生活を維持していくだけの余力が残るはずだという前提がある。当高の十三割を年貢として徴収するということから、「十三割新法」と呼ばれるわけである。さらに、こうした生産力の上昇という条件を加えて考えてみると、半知《はんち》借上《かりあげ》や六割の知行借上も、現実的には可能だったと考えられるのである。

もちろん、だから近世後期の高はまったく意味がないと言いたいのではない。たとえば、先に例示した本郷家の地主化の過程を明らかにするためには、集積した当高の年次ごとの一覧を作ってみることが必要だし、それによって、どのあたりから地主化への転換が見られるかも知ることができる。村の荒廃化や手余り地の増加なども、数値の増減から考察することはできよう。ただ、石高が示す数値そのものがかならずしも実態を示すことにはならないこと、荒廃化などが言われる反面において、かなりの生産力の拡大が秋田においてもあったであろうと推測せざるを得ないのである。この問題を、どなたか追及してくだされればありがたいのだが…。

地方知行制について

今回は、地方知行制《じかたちぎょうせい》について書いてみたい。地方知行制とは、家臣団の給与を土地で支給する制度のことである。この家臣団に与えられた土地を給地《きゅうち》と言い、その給地の所有者を給人《きゅうにん》と言う。これに対して、藩が直接支配する土地を蔵入地《くらいりち》と言う。秋田藩は、給地と蔵入地の割合が、だいたい七：三の割合であった。秋田藩に限らず、中央から比較的遠い地に領国を持つ旧大名には、地方知行制をとる事例が多いと言われる。

地方知行の場合、原則として年貢収納の権利は給人が持つ。ただし、実際にはなかなか複雑で、秋田藩の場合、「相給《あいきゅう》」と言って、一つの村に複数の家臣の知行地が混在しているのが一般的であった。逆に言えば、広い地域にわたって、あるいは一つの村を丸ごと一人の家臣が給地として持つということは、限られた大身の家臣しかなかった。たとえば、一門や引渡《ひきわたし》・廻座《まわりざ》などには、数千石の知行地を持つ者もいたが、多くの家臣は相給の状態にあった。

地方知行がなぜ問題になるかというと、幕藩体制という特徴的な封建制度の仕組みの中にあって、どのような意義をもつかということと関わるからである。たとえば、中央集権化という問題と関連させて考えてみればわかりやすい。もし大名が、一地域の中で中央集権的な支配を築こうとすれば、もっともよいのは、家臣と農地の関係を消滅させ、家臣団を完全な官僚としてしまうことである。そして、すべての農地・農民を自己の直接支配のもとに置くことである。かつての研究も、そのような観点から行われた。つまり、近世大名（藩）のなかに見られる地方知行の存在は、中世的な、たとえば土豪と農民の関係を残したような過去の残滓《ざんし》であり、それを払拭できない段階の大名は、まだ完全な藩体制を確立していないと考えた。だから、地方知行が、蔵米知行（藩が直接米で給与を与える）に変化していったり、地方知行が残っても、形だけのものであって、実質的支配権は失われた状態になることが、藩体制の確立だと考えられたのである。秋田藩に関する研究でもこうした考え方が強く、たとえば昭和四十年に刊行された『秋田県史』などはこうした視点を一貫させている。しかし、現在では、多少の見解の違いはあれ、地方知行制こそ、むしろ幕藩体制を特質づける要素だと考え、その意義を問い直す研究が多くなっている。

最近、秋田藩の地方知行制の開始はいつからかというような問題関心に立った文を読む機会があったが、こうした課題の設定はナンセンスであるように思われる。なぜならば、秋田藩は、いわゆる〝征服軍〟として出羽の地に移封されたのである。新しい領主を迎える地には、まだ完全に兵農分離《へいのうぶんり》していない抵抗勢力が多く残存していた可能性があるわけで、新たにその地に領主として臨む立場からすれば、まず軍事的要所々々に家臣団を配置し、抵抗的な動きを封じ込める必要があるのであり、地方知行制以外取りうる方法はなかったのである。領内七か所に置かれた所預《ところあずかり》などはその典型である。だから、いつ頃からこうした地方知行が形骸化していくのか、という問いならばありうるけれども、その逆の問題設定は意味がない。

それでは、『秋田県史』はどのように説明しているかというと、享保《きょうほう》年間に家老今宮義透がその解消を図るがうまくいかず、寛政七年（一七九五）の郡奉行《こおりぶぎょう》の設置に至ってようやく、完成に近い形となった、というような説明になっている。しかし、この説明はおかしい。というのは、秋田藩制が開始されたのが出羽移封からだと解釈して一六〇二年、その間二〇〇年近くもその問題に取り組んでいると考えるのはどうなんだろう、むしろ藩にとって、地方知行制はじゃまなものでもなんでもなくて、支配の障害となる部分があったとしても必要悪として認めざるを得ないものとして考えた方が合理的なのではないか、というのが私の考えである。要するに、藩制と地方知行を対立的にとらえる考え方に誤りがあるのではないか、というのが私の言い分である。実際に、組代《くみだい》という百姓を通して給人が農民から年貢を取っている事実も明らかにされているし（今野真、一九七八）、前にとりあげた「向高《むけだか》」にしても、給人の知行地に対する権利があればこそなしうる行為である。したがって、郡奉行設置以降も、実質的に地方知行制は存続したことは否定できない事実である。

確かに、藩は、地方知行制における給人の勝手な支配を統制しようとする法令を頻繁に出しているし、寛政七年の郡奉行設置では、「これからは農村のことは、すべて郡奉行が行うから、給人は勝手なことはしないように」というような意味のことを言っている。また、この政策に対しては、いわゆる所預たちから批判が噴出したことをもって、そのねらいを地方知行制の形骸化にあったと説く人もいた（今もいる？）。

所預や門閥大身などは、藩主にとってはいわば小姑的存在であり、大きな変化を好まない。だから、郡奉行の設置というような強い態度に出られると、まず反発するのが常である。それは、所預、あるいは門閥としてのアイデンティティを否定されたように感じるからである。実際には、年貢決定権（収納権ではない）は藩が握っていたし、所預の権限は、支配領域の警察権に限られていた。その警察権も、人の生死に関わるようなケースでは藩から検使が派遣されたし、農民同士の出入に関するようなことに口を出すことは制限されていた。

実際、角館の所預である北家においても、密通現場で妻と同衾していた男をその場で殺害した夫に縄を打ち、久保田まで送り届けている。また、管轄区域内での芝居興行の許可なども、藩に対して伺いを立てている。重要事項の最終的な決定権は藩にあったのである。

また河川普請や打ち直し検地などのような、より高次な権力の発動は藩が握っていた。むしろ、農民の撫育や普請の指導などを藩が行ってくれることは、農村を支えることになり、ひいては個々の給地を支えることになる。給人の恣意的な給地支配を制限しようとする法令にしても、要は、給人・農民の対立、矛盾の激化を抑えるためのものと考えればなんの問題もない。

それでは、地方知行制をとり続けることにどのような意義があったのか。それは、大きく言えば、家臣団の再生産の維持にあったと考えられる。藩は、財政難の対策として、延宝年間から絶え間なく借《しゃく》知《ち》政策（給人の知行を借り上げること）を取り続けた。借知とは、簡単に言えば給人の給与を削減することであり、その割合は、半《はん》知《ち》借上《かりあげ》と言って五割、ひどいときには六四と言って六割にも及んだが、このような厳しい借知政策に耐えられたのは、地方知行制であったことが大きい。仮に、家臣団への給与がすべて蔵米で支給される体制であったなら、藩はこのような政策をとることはできなかっただろう。給料袋の中味が半減するようなものなのだから。地方知行制であることによって、給人は農民に対して、年貢の先納《せんのう》要求（何年も先の年貢を納めさせること）もできたし、借米もできた。

また、いったん軍事動員が行われた場合、給地農民を人足などとして徴用することができた。そのもっともよい例が、文化四年（一八〇七）の箱館（函館）出兵である。ロシア人によるエトロフなどの事件に対応するために秋田藩にも軍事動員がかかったのであるが、この時、実際に、給地百姓に対して給人が軍用金を賦課したり、人足を動員した例が見られる。もちろん、こうした軍役負担は、藩制初期に五斗《ごと》米《まい》代銀や小役銀などのように代納化されているから、藩はそのような農民使用を禁止しているが、現実には行われたし、それがなければ個々の給人も対応は不可能であったろう。藩の統制も、原則論をふまえ、給人がやりすぎないように、と釘をさしているものと言ってよい。

以上のように、地方知行制は、秋田藩制が維持されていくうえで、必要不可欠なものであったし、藩もそれを全面的に否定したり、形骸化する意図などなかったと私は考える。ただ、必要以上の、給地百姓とのつながりと、給人による恣意的支配を制限しようとしたのである。地方知行制についての残された課題は、藩制成立期の給地のあり方が、確立期にかけてどのように変化していくか、具体的に言えば、一円的なものから分散化したものへどのような経緯をたどって移行していくかを具体的に明らかにすることだと思う。現実の知行宛行状や知行目録を見ると、一人の給人の知行地は複数におよび、そのうち一か所はある程度の石高でまとまっている（それでも一か村まるごとというのはない）が、他は本当にわずかな高の寄せ集めのようになっている。そこに、藩の一程度の政策の反映が読みとれると思うのだが、それがどのような方法でなされたのかを明らかにする必要があると思うのである。

刊本『御亀鑑』の不思議

秋田の近世史に興味をお持ちの方であれば、「御亀鑑《ごきかん》」という史料はご存知だろう。秋田県公文書館が所蔵する史料で、一九八八年（昭和六十三）から、秋田県立秋田図書館の編集で刊行が開始され、その後一九九四年（平成六）から秋田県公文書館の編集となり、全七巻で刊行を終了している（途中で編集担当の部署が変更されているのは、県公文書館の設置にともなって、図書館の所蔵していた古文書史料が移管されたためである）。内容は、秋田藩の九代藩主佐竹義和《よしまさ》の事績に関する記事をさまざまな史料から抄出し、それを編年的にまとめたものである。したがって、近世後期、とりわけ秋田藩の寛政《かんせい》改革といわれる義和の政治を研究する上では基礎的な史料と言えるものである。「亀鑑」とは、後世の判例というような意味である。図書館などで利用された方も多いことと思う。ところで、この刊本には不思議な点がある。実は、「御亀鑑」の原本には、その冒頭部分に次の一文がある。

天樹公御譜《てんじゅこうごふ》引証御亀鑑附録
但御日記の外諸家日記より抄出候は必其出所を出

意味は、「天樹院公（佐竹義和）の御家譜の編纂に用いた引証本として御亀鑑を編集して附録とする。ただし、御日記のほかの諸家の日記から引用した場合は、かならずその出典を記した」という程度のことになろうか。ここから、「御亀鑑」が、義和の家譜を編集するさいに用いられた引証本をもとにしたものであることがわかる。

まさに出だしの部分にある文である。ところが、刊本の『御亀鑑』には、この一文がないのである。くりかえして恐縮であるが、冒頭部分である。大部の史料であるから、その中の一文が抜けていても、脱文、校正ミスと考えることもできるが、ほんとうに、最初の部分である。教職員の移動で、私も秋田図書館に異動となり、第二巻から第三巻の編集に関わったから知っているが、当時、校正は念校（最終点検）を除いて、三回、のべ六人の職員で行われた。したがって、最初に「うっかり」があったとしても、そのあとの校正で六人全員が、冒頭にあるこの文章を見逃すということは、ほとんどあり得ない。どう考えても、当時編集に関わった職員の判断で、意図的にこの一文を入れなかったとしか考えられないのである。

なぜ、そのような判断をしたのか。私が同史料の編集に関わったのは二巻からであるから、その事情は残念ながらわからない。というよりも、二年間在職した間に、私も原本を一度も見なかったのである。県北の高校で採用され、ようやく市内の母校に赴任できたわずか二年後に、多少古文書が読めるという表向きの事情でこの職場に異動になった私は、正直に言うと古文書室という密室の中で鬱々とした日々を過ごしており、ほとんど歴史研究には意欲を持たなかった。もし原本を見て、そのことに気づいていれば、先輩諸氏に聞いてその意図を確認できていたのだが、今となってはあとのまつりである。

しかし、ことは「御亀鑑」という史料の性格自体に深くかかわる問題である。原史料の編者自身が、これは家譜の編纂に用いた引証本をもとにしたものだと言っているのである。このことについては、発足当初に公文書館の職員による研究があり問題点を指摘している（伊藤勝美、一九九五年）。しかし、刊本『御亀鑑』の解題は、このことにふれていない。

それでは、解題は「御亀鑑」をどのような史料だと説明しているのか。そう思いながら『御亀鑑』第一巻を開いてみると、解題はわずかに一頁である（以下、解題に対し批判的な内容になるが、これは公的な刊行物として作成されたものであるから、職場の起案と決済を通して実現したものである。したがって執筆者個人を批判するものでないことをお断りしておく）。これから、「国典類抄」についての説明と、原稿執筆・校正者の紹介文を除くと、わずか数行となる。そのなかで、「御亀鑑」の性格について述べた内容は、次の部分のみである。

本書は、藩政期十二代の藩主中、名君の筆頭にあげられる第九代義和公の一代記であるが、題名に示されるように後代の亀鑑とする意図を以て藩庁で編さんされたものであり、故実典礼を重んじた当時の藩治・藩情を知る上で欠くことのできない第一等史料である。（中略）義和公の没後、藩主の公式行事や事蹟の記録である歴代御家譜の一つとして『義和公譜』（十冊）が編まれたが、これとは別に『御亀鑑』が編さんされたことは、『国典類抄』の続編としての意図を示すものと考えざるを得ない。

この引用部分だけでも、個人的には気になる部分がいくつかある。義和を名君の筆頭とするのは何を根拠としているのか、歴史上の人物に「公」という敬称をつけてよぶ必要があるのか、第一等史料とは何か、「御亀鑑」を「国典類抄」の続編とする根拠は何か、等々。名君論については、他の機会に述べようと思う。藩主に「公」を付すのは、そのまま執筆者（刊行にかかわった当時の古文書室の職員）の歴史認識のあり方を示している。

「第一等史料」という呼び方もそうである。第一級史料ということで用いていると思われるが、第一級史料とは、ある事項を明らかにするうえで、本来史料的に歴史的事実を語るものとして疑いをさしはさむ余地がないものをさす言葉であって、権力による編さん物は該当しないことが多い。なぜならば、そこには編纂者の意図が入り込む余地があるからである。解題が、「御亀鑑」を「第一等史料」と位置づけたのは、これが、「明君義和」の「事蹟」を語る、藩権力によって制作された「国典類抄」の続編だからと考えた故であろう。ここには、歴史的存在にすぎない藩主に「公」を付して表現する認識のあり方と共通するものがある。

ところで、刊本『御亀鑑』には、もう一つ問題がある。それは、二年間の編纂事業に関わった経験から指摘できることなのであるが、闕字《けつじ》の用い方に関することである。通常、藩の編さん物などでは、藩主に対して敬意を表すために闕字を用いるのであるが、原本「御亀鑑」では、用いてはいるものの、かならずしも徹底していない。ところが、刊本編さん時に、藩主とその後継者を示す「御曹司《おんぞうし》様」にはかならず闕字を入れること、というルールが編さん職員の間で作られていたのである。

闕字を用いるか否かは、その文が書かれた状況、あるいは書き手の意識によって異なってくる。長文の中で何度も闕字が出てくる場合、その執筆者の判断で、最初の一か所にとどめる場合もあるかもしれないし、不注意で用いなかったのかもしれない。それを、刊本編集者たちは、藩主（「屋形様《やかたさま》」）と「御曹司様」にはかならず闕字を用いることに仕様を統一した。

さらに、誤字の扱いについても独自のルールを設けている。通常、史料の翻刻では、誤字はそのままとし、その右ヨコにカタカナで「マ、」あるいは「ママ」とルビをふる。史料の原型をなるべく保ったかたちで利用者に供するためである。『御亀鑑』の編集者たちはその原則を用いず、誤字を正字に改めている。つまり、原型保存よりも、正しい形でのあり方を重視したのである。闕字にも同様の認識がはたらいたのであろう。つまり、本来用いられるべきところには、原本にはなくとも闕字を入れるべき、という考え方をとったのである。

このように見てくると、『御亀鑑』編集者たちは、史料の正確な翻刻という以上に、本来あるべきかたち（体裁）をより重視していたように思われてくる。このことを頭のすみに置いておき、当時（近世）編さんにあたった人びとの認識を見てみよう。次は、「御亀鑑」の編さんにかかわった御記録方役人の記述である。

一　御伝記　十冊
一　御亀鑑〔江戸表七十九冊、秋田表三十六冊〕百十五冊
右御亀鑑之儀ハ、文化年中御改正之砌《の》《みぎり》より、平同役共追々記載仕《つかまつり》候分、此度精細ニ修補仕出来《しゅったい》仕候、専ら　御伝記之御引証ニ相成申候故指添差上申候
（佐竹文庫「天樹院様新調御家譜差上候節記録」。〔　〕内は割注）

つまり、「御亀鑑」とは、佐竹義和の家譜編さんに関わった役人たちが同事進行的に書き連ねていったものを精細に修正・補足して再編集したものであること、それは家譜の論拠として用いられた文書であると述べている。これを冒頭の一文と関連させて考えてみると、冒頭にある問題の一文は、「御亀鑑」編纂者の注記であり、「御亀鑑」の本文そのものではない、という考え方が導かれることになる。刊本『御亀鑑』編さん者たちは、本来あるべき体裁をもって復元することを第一と考えたために、この「注記」を削除したのではないかという可能性が考えられるのである。

以上述べたことは、推測をまじえたことであるので、厳密な批判にはならないものである。しかし、原本にある冒頭の一文が刊本の中で削除されたことは、じつは重要な問題であり、編さん者の歴史認識を問われることであると私は考える。本来のかたちを重視する考え方も、一つの歴史認識のあり方ではあろう。しかし、私はその立場をとらないし、専門的な研究者はもとより、一般の歴史愛好家に対しても翻刻文を提供する場合は、原型を優先すべきだと思うのである（ただし、難字を常用漢字などに置き換えて利用者に提供することは、歴史認識とは異なる問題である。これは、凡例などであらかじめ示しておけばよい）。

佐竹義和＝「明君」論を考える

佐竹義和《よしまさ》が、近世中期以降の藩政改革を実施した「明君」であることは、現行の高校日本史教科書ではたいていふれられている。だいたい、米沢藩の上杉治憲《はるのり》（鷹山）と、熊本藩の細川重賢《しげかた》と一緒にまとめられることが多い。しかし、最近、この二人と佐竹義和では、同一の範疇《はんちゅう》として括れないのではないかと、小関悠一郎氏が指摘している（小関、二〇一二）。

どういうことかというと、簡単に言えば、上杉治憲と細川重賢は、江戸時代から、地元をこえて「明君」と認識されていたが、佐竹義和の「明君」像は、近代に入って創り出されたものだというのである。この著書の中で、小関氏は、天野真志氏によるご教示だとことわったうえで、次のような事実を紹介されている。明治の元勲伊藤博文は、当初徳川頼宣《よりのぶ》・池田光政《みつまさ》・上杉治憲・細川重賢の四人を「四名君」と唱えていたが、秋田市長大久保鉄作が『天樹公政績一班』などを伊藤に献呈し、それが「聖帝に献上」されて後は、これに義和を加えて「五名君」と称した、というのである。ここから、小関氏は、義和を「明君」とする評価は、近代に入って定着・浸透したもの、と推論している。なお、この伊藤博文の認識に関することは、無明舎出版から刊行された、後藤ふゆ氏の『筐底拾遺―平元謹斎と後藤毅・秋田県士族四代の記録』でふれられているという。恥ずかしいことに、私は小関氏の著作にふれるまでこの事実を知らなかった。

なお、小関氏の著作は、上杉治憲の政策とその背景にある政治認識がどのように形成され、また変化していったのかということを、周辺の家臣団の認識とともに考察し、同時に、江戸時代に「明君」像が形成されていく過程とその意義を、豊富な史料を駆使して論証された好著である。とくに、江戸時代に形成された「明君」像が、「明君録」という形をとって世間一般に流布することで、地域をこえて広く浸透していき、そのイメージは、武士だけではなく民衆にも受容されていったことを論証した部分は、歴史研究の醍醐味を感じさせてくれる。いわゆる研究書なので決して読みやすい本ではないが、郷土史に興味をお持ちの方には一読をお勧めしたい（県立図書館にあると思います）。

さて、それでは、義和＝「明君」論は、どう評価されるべきかということが、あらためて問い直される。歴史を学ぶ視点からは、所詮江戸時代の大名などというものは封建領主であり、ある殿様が名君かどうかなどということは、本質的な問題ではないし関心もない、という人もおられるだろう。先の小関氏の著作も、誤解をさけるためにあえて記しておけば、上杉治憲や細川重賢が立派な殿様でしたということを述べようとしたものではなく、「明君」という概念が形成され、受容されていく社会的背景を明らかにし、その影響を考察するところに力点がある。しかし、反面、市民講座などに参加し、地域の歴史を学びたいという人たちのなかには、それでは義和は名君ではないのか、といった、反論に近い疑問をもたれる方も少なくないだろう。これはこれで大切である。そこでこの問題について考えてみたい。

結論からいえば、義和が、歴代の藩主のなかではすぐれた為政者であったと言うことはできるだろう。「明君」と評したとしても、それはそれで大きく的をはずしてはいないと思う。ただし、ここで肝に銘じておかなければならないのは、彼らは封建領主だということである。名君であれば、何をするか？ 困窮した財政を立て直す、政治の仕組みをかえる（藩政改革の実施）、国産品を奨励して国を富ます（殖産興業）、優秀な人材を抜擢する、領民をいたわる政治を実践する、等など…。

しかし、これらは、あくまでも藩体制を維持する、または立て直すことを目的として行われるのだということを忘れてはならない。民をいたわるにしても、それは藩体制を立て直す限りにおいてである。額に汗しない我々武士が民を苦しめているのだから、我々の存在が否定されるべきだ、とはならない。むしろ、江戸時代後期に「明君」とされる人たちは、動揺する藩体制を立て直そうと努力した人たちなのであるから、本質的には反動的な側面を持つ。

しかし、反動的だ、で終わってしまうと、これは一時代も二時代も逆行した研究で終わってしまう。そうならないためには、本質的には反動的であっても、そのなかに、改革を断行している為政者も気づかない、新しい時代へのほころびのようなもの、あるいは萌芽のようなものはないかを探る必要がある。「自民党をぶっ潰す」といったあの方も、自民党政治を立て直すための改革を推進したはずであるが、その後政治は混迷し、自民党は一時野に下った。まさかそこまで見通して党の総裁選に出たわけではなかったろう。

閑話休題。義和の政策で、真に改革的なものとして評価されるのは、人材の登用と、農政の刷新であると私は思う。殖産策にはそれほど見るべきものがない。人材の登用には、藩校および郷校の設置が不可分に結びついている。学問奨励や歴史書の編さんなどの文化政策は、為政者がまずとびつきやすい分野である。それ自体否定されるべき要素が直接的には見えないからである（現在であればスポーツ振興などがそれにあたる）。

しかし、江戸時代は、ことはそう単純ではない。なぜならば、はじめて国入りする藩主にとって、自分の領国は《異国》であり、自分は《異邦人》なのである。藩主は、初めての国入りまで江戸で成長する。身についた文化は中央の文化であり、国元についての知識は伝聞の域を出ない。それが、十代の若さで一国を預けられるのである。

国元に人がいないわけではない。有能で包容力のある家老でもいればよい。一門や譜代重臣から見れば、新藩主は、無能であっては困るが、必要以上に有能でこれまでの政治の仕組みを一新するような人物でも困るのである。彼らは、まず既得権益を守りにかかる。そのような存在は、新藩主から見れば、小姑のような存在に等しい。自分の手足になって動いてくれる、忠実で、しかも有能な家臣の存在、それがもっとも必要となる。今いる有力者が既得権益を守るのに傾くのであれば、忠実な家臣団を造りあげるしかない。それを目的としたものが、藩校の設置であり、人材の登用であったと私は考える。

実際、義和が藩校を設置し、仕官にさいして素読吟味《そどくぎんみ》（中国の古典などを音読する試験）を義務づけると、引渡《ひきわたし》や廻座《まわりざ》とよばれる上級家臣からは、藩校への参会自体を拒否する者があいついだ。一門の一人である北家当主などは、学問奨励の通達に対して、「自分は非才であり、これまで財政難に対処することばかりに専念してきたので、これからは隠居し、先祖の霊を弔って余生をおくりたい」などと、嫌味たっぷりな返答をしている（「北家日記」）。一方、諸士と呼ばれる下級家臣団の参加は、藩校の隆盛を出現させた。彼らの優秀なものは、下級ではあるが重要な役割をはたす役職にあいついで赴任していった。これは義和の思惑にそった展開であったとも言える。

義和がいかに藩校に集う諸士たちを大切にしたかを物語るエピソードがある。ある日、義和は、藩校の職員を登城させて、霊泉台という眺望のよい場所から市中を眺めて詩作させるという趣向の会を設けた。その後簡単な酒肴や菓子で彼らをもてなしたのち、藩が所蔵する書画の名品を鑑賞させ、それらを自ら臨書して、藩校の職員たちに好みものを選ばせて各自に与えたのである。これは、後に藩校の祭酒（最高責任者）となる、野上国佐《のがみくにすけ》の「御学館勤番日記」という史料に出てくるエピソードである。義和は、藩校を造っただけでなく、その職員に親密な態度を示すことによって、周囲に対して藩校の重要性を認識させつつ、職員の自覚を促すことを忘れなかったのである。

私は、『御亀鑑』の秋府編に出てくる人事異動の記事をすべて抜きだし、誰が何年にどのような役職に転出しているかを整理してみたことがある（金森、二〇〇二）。その結果、多くは一〇〇石前後からそれ以下の下級藩士が、民政上重要な役職に赴任していることを確認できた。もし藩校の在籍名簿のようなものが残っていれば、おそらくはほぼ全員近くが藩校の経験をもっていることが確認できるはずである。こうして、義和の政策理念やその思惑を、具体的な政策として実現していく集団が形成されるのである。もし義和が「明君」であることの事例をあげろと言われれば、第一がこの人材の登用であると、私は思っている。

「御亀鑑」編さんの意義

義和は、文化十二年（一八一五）七月に没した。四〇歳である。人材の育成には時間がかかる。ようやくその成果が見え始めてきた時と言える。

この時、「国典類抄《こくてんるいしょう》」の編さん事業が進められていたが、まだ完成に至っていなかった。「国典類抄」はよく〝修史事業〟と言われるが、この言葉は必ずしも史料の本質を言い当てているとは言えない。藩の編さん物でありながら、「国典類抄」のすごさは、徹底して実史料主義に徹しているところにある。これは、古記録の類さんというべきもので、「梅津《うめづ》政景《まさかげ》日記」をはじめとして、五〇〇〇点以上におよぶ日記類を、「吉・凶・賓《ひん》・嘉《か》・軍・雑」の六項目に分けてそれぞれの記述を抜粋し、編集している。

武家社会は、伝統を重視する社会であるから、先例が重要であった。その場合、それまでの記録類や日記を確認することは欠かすことができない。しかし、これはけっこう手間がかかる。目的の記述を見つけるのは大変である。書類が大量に作成された近世後期ともなればなおさらである。この問題を、「国典類抄」は解決した。各項目を見ることによって、過去の事例を容易に確認できるようになったのである。たとえば、いろいろな場合の音信贈答などの品も、各日記に一つひとつあたらなくとも、各部を見れば容易にわかるようにしたのである。江戸屋敷において能を行おうとする場合も、その招待客をどの範囲にするかなどは、「賓」部を見ればわかる。しかも、さまざまな記録・日記が編年されているから、その変化もわかる。さらに、その記述を抄録した最後にはかならず出典を記した。

これはまた、事務処理に効果を発揮するというだけでなく、ほかにも重要な意義を持っていた。たとえば「賓」の部には「御饗応」という項目がたてられているが、そこにはさまざまの会合で同席する諸大名の名前が列記されており、それによって佐竹氏の名族としての来歴を顕彰する役割をはたしている。「吉」の部に収められている歴代藩主の「任官」の事実も同じような役割をはたすであろう。そして、義和の代にこの事業が立ち上げられ、完成された（没後ではあるが）ということは、藩政の歴史に一つの区切りが設けられたことでもある。義和はそのはざまに位置することになる。

ここで、同時代の人間、とりわけ政治の実務を担当する下級官僚たちの、義和に対する評価を推測してみよう。あくまでも推測である。彼らは、義和の人材育成によって現在の立ち位置を得たという思いがあっただろう。一方では下級官僚の登用を快く思わない勢力があるものの、それに対しては藩主によるサポートが壁になっている。義和の没後、彼らの日記や記録を見ると、「天樹院公の御遺志」という言葉が頻繁に出てくる。ここからもわかるように、彼ら下級官僚の推進する政策の正統性は、先君義和の「御遺志」であった。しかし、言葉だけではいかにも弱い。その正統性を、かたちを持ったものにしなければならない。ここに、藩政中興の祖としての義和のイメージが形成される必然性があった、と私は考える。

それにはどのような方法がありうるか。たとえば、一つには他の権威をかりる方法がある。義和が推進していたもう一つのプロジェクトに、中国の学者人名辞典とでも呼ぶべき書物の編さんがあった。義和の号をとって『如不及斎別号録《じょふきゅうさいべつごうろく》』（「如不及斎」は義和の号）と名付けられたこの書物の巻頭に置かれたのは、幕府の寛政改革を主導した松平定信《まつだいらさだのぶ》の序文であった。そこには、次のように記されている。

つねに予と言論反復せるは、道を修め義を明らかにし、民を撫《やすん》じ俗をよくすることにあらざるはなし

（原漢文）

ここでは、義和が幕府を主導した人物と親しくかつ対等の関係にあることが、定信自身によって語られるかたちになっている。定信も、白河《しらかわ》藩主時代は、天明飢饉において一人も餓死者を出さなかった明君として知られていた。そのことによって、わが君主義和も「明君」の列に連なるという主張が隠れている。

さて、「御亀鑑」である。先に書いたように、「御亀鑑」は義和の「家譜」を編さんするために用いられた実史料を集めて編集されたものであった。基本的には、藩で日々記載された「御日記」と他の日記、記録類である。これらの要所々々を抜粋し、時系列で編さんしたものが「御亀鑑」である。「御日記」以外のものについては、典拠を示すことも忘れていない。掲載された史料は事実を伝える文献であり、客観性が強い。故人となった藩主を顕彰しようとする「家譜」とそこが異なる。

しかし、義和が「明君」であることは、「家譜」でも主張できるであろうし、むしろそのほうがやりやすかったであろう。だが、「家譜」の編さんにかかわった官僚たちはそれをせず、新たに「御亀鑑」を附録として付した。「亀鑑」とは、後の判例という意味である。つまり、「国典類抄」のまとめられた時代が秋田藩の一つの区切りであり、義和の治世の出来事（「条目」や「被仰渡」など）が、新たな規範として加わるのだという意味が込められている。ここに、「御亀鑑」編さんの政治的意義と本質がある。「国典類抄」の続編でもなければ、単なる引証本でもない。引証本は、「家譜」編さんのために用いられた記録類をいうが、「御亀鑑」は明らかに編さん物である。しかも史料原本主義は「国典類抄」と同じく尊重されている。ただし、「御亀鑑」は、それまでの佐竹家の歴史を語るものではなく、義和一代の治世を記録し、それを後の判例とする目的をもって作成された（その点で、「義和の一代記」とする『御亀鑑』の解題は誤りではない。ただし、単に「一代記」とするのであれば「義和公家譜」だけでよいのであり、「御亀鑑」編さんの目的が見えなくなる）。こうして、義和の政策によって育てられた下級官僚たちの手によって、秋田藩政の〝中興の祖〟としての義和像が作り上げられた。そのことに説得性を持たせるためにも、「御亀鑑」の編さんは欠かすことのできない事業だったのである。

藩校の気風

藩校（明道館《めいどうかん》、のち明徳館《めいとくかん》と改められた）は、現在のキャッスルホテルあたりにあった。ちょうど城に向かう中土橋《なかどばし》あたりからみて正面やや右手である。教師陣としては、下位から、教授・助教・文学という役職で構成され、トップに祭酒《さいしゅ》という、現在でいえば大学総長にあたるポストがあった。トップが祭酒という、ややなじみのない役職名であるのは、どこの藩校にもかならず孔子《こうし》を祀った講堂があって、釈奠《しゃくてん》という儀式が行われ、それを司《つかさど》ったからである。

文学の地位にあった野上国佐《のがみくにすけ》という人物が、その日記の中で、「学館（藩校）で成績のよかった者は、藩校の教師になるだけでなく、いろいろな役職に転出していくから重要な役割を持っているのだ」とはっきり書いている（「御学館文学日記」）。したがって、下級の諸士にとってはチャンスをつかみとる場所でもあった。実際、ここから巣立っていく者たちは、各部署の吟味役から評定《ひょうじょう》奉行・郡《こおり》奉行・町奉行・勘定奉行など、藩の政策を現実に左右する役職に進出したものが少なくなかった。なかには、中安主典のように、微禄の出身でありながら一代宿老《しゅくろう》格を得、家老職にまで出世した者もいる。これまで家格だけで選抜されていた家老職の中に、下級官僚のなかから一人でもこのような人物が出れば、下と上とのつながりにも変化が生じるだろう。現場で働く下級官僚たちの意見が反映されやすくなるからである。

さて、彼らを輩出した藩校は、どのような教育の場だったのだろうか。実際のカリキュラムの細目は不明な部分が多いのだが、わかる範囲でまとめてみる。まず、正式な学生は「勤学《きんがく》」、蔵書の閲覧を許可された者は「参学《さんがく》」、彼らより若年で出入を許可された者は「読書生」と呼んだらしい。しかし、参学にも読書生にもかなり厳しい課題が課せられている。たとえば、読書生に対しては、学習すべきテキストが、『大学』『中庸《ちゅうよう》』『論語』から『五経《ごきょう》』（儒学で尊重する五つの書。『易経《えききょう》』『書経《しょきょう》』『詩経《しきょう》』『礼記《らいき》』『春秋《しゅんじゅう》』）へと段階的に設定され、「復習会で忘れた者は、覚えるまで何回も読み直させること」など、知識定着の徹底化がはかられている。出欠についても、厳しくチェックされている。参学や勤学生に対しては、白文《はくぶん》（返り点のついていない原文）を渡して、句点をつける作業を行わせ、優秀な者にはそれを暗誦させるとしている。その場合も、「『大学』『中庸』を学んでいる者は一行くらい（二〇字ほど）、『論語』を学んでいる者は二行くらい（四〇字ほど）、『書経』『詩経』を学んでいる者は四～五行から一頁くらい（二〇〇字ほど）」と、こまかく定めている。初級から上級までの力の差違を考慮して、課題の量に違いを設けるという気の配りようである。このほか、詩文会といって、教師陣より題を与えられ、それにあわせた詩作をし、それを提出して添削を受けるという学習もあった。もちろん、教師陣による購釈もあり、定期の授業もあった。さらに『史記』『左史伝』などをテーマとした、学生の自主的な勉強会もあったことが確認できる。

　しかし、明徳館の特徴として特筆しなければならないのは、議論を重視したことである。学習形態としては、輪読《りんどく》・会読《かいどく》などの形態をとっていたが、これは、現在でいえば、大学のゼミにあたる。大学のゼミでは、一人の指導者に数人の学生がつき、順次テキストにしたがって、読み、自分の意見を表明する。それに対して、他の学生から質問、意見が出され、担当者はそれに一々答えていかなければならない。厳しい指導者につくと、理解の甘さや理論の不備をつかれ再起不能のようになることも多い。ただし、この形態の授業を行うと、注入主義的な講義では得られない力がつく（もちろん挫折してしまう学生も多い）。それは、議論する力である。

寛政十二年（一八〇〇）に、教授に対して次のような通達が出ている。

「五経（前掲—注金森）と『周礼《しゅらい》』『儀礼《ぎらい》』は、一つずつ自分のテーマをもたせて指導せよ。ただし複数のテキストを修めることをめざしてもかまわない」「会日には怠りのないよう申し含め、一か月に行った会日を書き出して文学に提出せよ。中止した場合はその理由も添えて提出せよ」。つまり、学生のテーマが『五経』および『周礼』『儀礼』の七科に分けられ、基本的に学生はその一つを自分の中心的なテーマとして、教授の指導を受けるというシステムがとられている。

また、会日とは、輪読・会読の行われる日である。そこで、どのような授業が展開されたか、具体的に述べた史料がないので紹介できないが、十二所《じゅうにしょ》や檜山《ひやま》に出張指導した野上国佐（当時教授、のち文学から祭酒）の日記には、「今日より十二所書生来り会読、議論日々也」とか、「今日史記会読始り、下総（多賀谷氏—注金森）出席、議論も相応にこれあり候」という記事があるから、本校である明徳館においても議論することが重視されたに違いない。洒脱な随筆『伊頭園茶話《いずえんさわ》』を残した石井忠行《ただつら》はそのなかで、祭酒であった瀬谷小《せやこ》太郎《たろう》を評して、「この人の癖は、もっともな意見であってもまずそれを抑えて異論をさしはさむ。はじめからその通りだと納得してしまっては話がそこで止まってしまう。論を発展させるため異論を出すのである。そうすれば、その問題についてよりしっかりした結論が得られる、と考えるのである」と言っている。いわゆるディベートの重視である。眞壁仁氏は、その意義について、「会読は、同水準の学力を持つ学生が集まって所定の箇所について相互に「義理を討論し、精緻を講読究」し、教官が批判・審判者となり、さらに、輪読会は、同僚同士相互にそれを行なうものであった」と指摘している。（眞壁仁、二〇〇七）

もちろんその弊害も出てくる。文政十二年（一八二九）の通達では、「もっぱら言葉の細部にこだわり、異論や奇説を好んで論をなし、大言空論をなすことを豪傑と勘違いする輩がいる」「一つの説を研究して、それをもとにして言い募り議論するのはまだよい方で、よく真の意味も理解できていないくせに諸家の説を雑駁に用いて銘々の意見を言うような風潮は嘆かわしい」と、近年の学生の風潮を批判している。しかし、この批判は、一面で藩校における議論重視の教育の在り方を傍証するものであるとも言える。学問の成果とは、知識の習得にとどまらないで、知識を用いて自らの論を組み立て、主張するところにある。藩校は、そのような人材を育てたのである。

文政八年、社家大頭《しゃけおおがしら》の役職をつとめた大友直枝《おおともなおえ》の提言をきっかけに、藩校内に和学方《わがくかた》という部門がつくられた。これは国学的思想を学ぶ部所であった。儒学中心の藩校にこのような分野を専門とするグループをつくるというのは、それ自体面白い問題で考察に価するが、それについては機会があれば、ということにしたい。ここで問題にしたいのは、後年、その和学方の学生から、待遇改善の要求が出され、そこで述べられている彼らの意見である。そこで彼らは次のように述べている。

学問は、それを修めたうえで国家の役にたてるべきものである。自分たちはそのように考えて青雲の志をもって励んできた。しかし、儒学方の出身者はそれぞれいろいろな役に就いているのに、和学方についてはそのような取り立てがないから、次第にその学を修めようとする者が少なくなってきた。取り立ての多い方に人がおもむくのは人情の常である。抜擢がまったくないのでは、何のために時間をかけて努力してきたのか道理がわからなくなる。追々国家のために役立つ者が成長できるよう、お取り立て願いたい。

ここではっきりと、学問をすることが現実の政治に参加できることに直結するのだという認識が示されている（ここで出てくる「国家」は藩）。そして、彼ら自身の思いを、藩校の指導部に対して主張している。そう、何よりも議論の力は、こうした自己主張のあり方にかかわってくる基本である。これも、藩校の教育を経て形成された下級家臣の政治認識と言えるだろう。このような下級家臣たちが、現実の政策を担う役職に進出していく。当然、そこには新しい動きが生まれてくるだろう。家格が絶対的な力をもつ武家社会の構造がこれで一気に変わるわけではない。しかし、社会の現実を見る藩全体の視野が広がる。この点で、義和は大きな遺産を遺したと言えるだろう。

なお、江戸時代の議論・討論の意義については、前掲眞壁氏の著作と、前田勉『江戸の読書会』をお勧めしたい。前者は純粋な研究書であるが、後者は一般的読者にも配慮した内容であり、とにかく面白い。

門閥VS改革派官僚

前に佐竹義和《よしまさ》の人材登用政策によって、藩校の教育を通じてたくさんの下級官僚が登場したことを述べた。私は、このような下級官僚を、義和の改革政策を忠実に実現していこうとする存在という意味で、「改革派官僚」と呼んでいる。その代表的な人物をあげるならば、養蚕方による殖産政策を主導した金易右衛門《こんやすえもん》、藩校の教諭から祭酒となり、また町奉行や評定奉行として藩政に関わった野上国佐《のがみくにすけ》、大坂詰勘定奉行として、大坂商人を相手に多額の経済援助を実現させた介川東馬《すけがわとうま》などである。この三人は、残されている史料を見る限り、かなり個性的であり、後述するように自己主張の強い人物であったらしい。

これに対して、彼ら下級諸士あがりの役人を快く思わない門閥家臣の代表が、義和から義厚《よしひろ》の時代御相手《おあいて》番《ばん》を勤めた渋江和光《まさみつ》である。秋田藩には、その成立当初より、一門・引渡《ひきわたし》・廻座《まわりざ》とよばれる家格が存在したが、彼らは禄高も高い大身であり、座格においても諸士とは一線を隔する存在であった。渋江家は、廻座に属し、禄高三〇〇〇石を持つ大身であり、家老も多く輩出している。しかし、和光が勤めていた御相手番という役職は、藩主の「御相手」をするという意味では、家老に準ずる格の高い役職であるが、実際のところは、登城して同僚と世間話をして時間を過ごすような閑職であった。家老に昇進できるポストであったが和光は家老になれなかった。その影響もあったかもしれない。和光は、格下から政治に参加できる役職に進出し、時には家老たちに対して諫言することも辞さない下級官僚たちが嫌いであった。

彼は、その日記に書いている。

扨々《さてさて》此度の御巡行恐入《おそれいり》候えども、御威厳軽く相成候事と存じ奉り候。御役人より申し上げ候ての事と相聞こえ候。御役人どもも大体を知らぬ故と存ぜられ候。

（『渋江和光日記』）

これは、天保五年（一八三四）の三月に、仙北郡の北浦地域で打ちこわしをともなう一揆が起こったさい、その後の対応策として、藩主義厚《よしひろ》がその地方を巡行することになったことへの批判である。「今回の御屋形様の御巡行は、たいへん恐れ多いことだが、御威厳をおとしめることになった。役人たちの上申によって実現したことと聞いているが、役人たちはなにが大切かを知っていない」というぐらいの意味である。

また、藩の財政が逼迫し、藩主自らが御家に伝わった重宝を売却して不足分にあてるという通達が出たときには、「胸一はいに相なり、落涙」し、「（このような事態になったのは）皆もって役々の馬鹿より起り申し候事にこれあり候」と憤慨している。ここで和光が「御役人」「役々」と表現しているのが、奉行以下のクラスの行政官僚たちである。江戸時代の武士の日記に「馬鹿」と出てくるのは珍しいが、和光は、これを特定の個人に対しても用いている。その対象になったのが、改革派官僚の一人、野上国佐であった。「かようなる事もみなもって祭酒の馬鹿野上国佐がいたし候事」、「国佐は大不孝、その上祭酒など相勤め候にはこれなく候」という具合である。後者は、「国佐は大なる不忠不孝の者で、藩校の祭酒など勤めるに値しない人物だ」ということであろう。

さて、なぜ渋江和光はこれほど野上を嫌ったのか。

じつは、藩校を中心にした教学政策に原因があった。寛政四年（一七九二）に藩校が創設されて以降、同十二年まで、藩は領内の七か所に郷校を設置し、その教学政策の徹底化を図った。それが置かれたのは、いずれも大身家臣が本拠をおく所であった。「郷校のことは、いずれも置かれた地域は大迷惑で、御学館によって組親《くみおや》の権限が侵害されるために、いずれの所も大嫌いなのだが、表向きは学問の事だから、誰も反対ができないのだ」と和光は述べている。ここで「組親の権限が侵害される」とある点に注意したい。

郷校が置かれた七か所というのは、いずれも給人を軍事的に指揮する権限を持つ大身（これを所《ところ》預《あずかり》といった）が居を構えた所であった。この場合、所預の下に配置される給人を「組下《くみした》」という。所預でなくとも、門閥のなかには配下に組下を持つ者がいた。これを組下持ちという。渋江和光もその一人で、実は刈《かり》和《わ》野《の》に組下を抱えていたのである。

問題は、この組下は、軍事編成上組下持ちの下に配属されているが、藩主との関係で言えば、組下持ちと同じく直臣なのである。つまり、組下持ちと組下との間には、主従関係はない（もちろん家格の差はある）。あくまでも軍事動員を想定した編成のなかの上下関係でしかないのである。つまり、刈和野の給人たちは、軍事上の問題が発生すれば、渋江和光を与力《よりき》として従うが、その家来であるわけではない。ちょっと長くなったが、これが前提である。

天保五年、藩は、刈和野に郷校を建設することを計画した。そして、刈和野給人の現地リーダー（組頭）である簗隼人《やなはやと》（早人とも）の屋敷地がその建設予定地となったのである。当然、簗はそこを退くことになる。簗は、知行地の二〇石を冥加《みょうが》として藩校に献上することを願い出、それによって渋江の組下を抜け、久保田在住を許可されたのである。ところが、この経過を渋江が知ったのは事後であった。ここにおいて渋江の憤懣が爆発した。

ここで、渋江和光は、二つの対抗手段に訴えた。まず、まだ久保田での簗の屋敷地が決定しないうちに、刈和野にある簗の屋敷を召し上げた。さらに、自ら簗との絶交を宣言して、他の組下にも簗との絶交を促したのである。屋敷地の召し上げについての渋江の理屈は、「すでに組下を抜けることが決定している以上、自らがその土地を返上するのが道理であるのに、いまだそれが行われる様子がないから、支配をまかされている自分が召し上げるのに、何の不都合もないはずだ」というのである。簗との絶交については、「天英様（初代佐竹義宣《よしのぶ》）の思召《おぼしめし》をもって、渋江家初代の政光《まさみつ》様が刈和野へ引越しを仰せつけられた重い家柄であるにもかかわらず、旧恩に背いて本務を忘れるのは不届きであるから、当家への出入りを差し止めた」というのである。渋江政光は、藩政成立期に、佐竹義宣の片腕として活躍した人物であり、大坂冬の陣で戦死している。

ところが、今度はこのことを、藩校に出入りしていた簗の子賢蔵が、野上国佐に訴え出たのである。藩の上層部は、事を荒立てず、渋江と簗の個人的な問題として穏便に収めようとした。しかし野上は、「上より吟味して理を判断すればすむこと」とし、問題の究明を主張した。そのため藩も、渋江に対して説明を求め、結果、屋敷地については「久保田に引っ越さないうちは、簗に所属するもの」という決定を下した。組下たちの絶交問題については、渋江は「自分は強制していない。組下たちが自分を『上』同様に心得た故の行いである」と強弁しようとした。しかし、渋江家の家老らはこれをいさめ、組下たちの絶交を取り下げる文面を提出した。

これに対して、野上の論はこうである。「簗が天英様の思いをないがしろにしたというのであれば、そのことを正式に訴え出て審議を仰げば問題は解決されたはず。それを狭い自分の感情から、配下にある組下たちに対しても簗との交際を禁止するなど、これは私意というべきであり、組下を預かる重要な地位にある者としてはふさわしくない行為である。このことは、評議にかけるべきである」と。また、「いくら組下たちが自主的に絶交したのだと言い張っても、指揮する立場にある自分が一方的に絶縁し、そのことをわざわざ組下らに触《ふれ》として通達したら、他の組下もそれにならわざる得ないだろう」とも言っている。

結局この一件は、渋江が、刈和野の簗の屋敷地に郷校を建設することを認める請書《うけがき》を藩に提出することで決着をみる。藩首脳部も、渋江の家柄と面子《めんつ》を考えてか、それ以上の追及はしていない。

この一件は、二人の個人的なエピソードにとどまるものではない。門閥の雄である渋江は、藩祖の義宣との関係から説き起こして自分の家柄の重要性を主張し、自分と「上」とは同じであるとまで言っている。それに対して下級官僚である野上は、それを「私意」であると切り捨て、組織人としてあるまじき行いであると断罪して、一歩もあとに引かなかった。

儀礼の場では、引渡・廻座などの門閥と諸士は、座席などで明確に区別された。同席を許されないことも少なくなかった。それが、武家社会本来のあり方である。それを思う時、義和の人材登用策の中で育成され、政治運営に参加してくる改革派官僚の登場は大きな時代の画期をなしている。すなわち、一つの伝統として了解されていた家臣団秩序のあり方が、彼らの登場と活躍によって相対化されていく事実を、この一件は示していると言える。

改革派官僚の肖像（1）

——金易右衛門

ここで、「改革派官僚」の中から代表的な人物をとりあげて紹介してみたい。当然、史料の残っている人物に限られるが、いずれも個性的である。しかも、それぞれがかならずしも協力的であったと言えないところが面白い。

今回は、金易右衛門《こんやすえもん》についてとりあげたい。改革派の筆頭といえば、まずこの人である。しかし、残念ながら、金自身による日記が残っていない。近世後期になると、奉行クラスの役職についた人物は、たいてい職務にかかわる日記を残している。それは、自分の功績を子孫に残したいという思いだけでなく、その記録自体が重要な判例となるからである。したがって、勘定奉行や郡奉行などの要職を歴任し、重要な政策実行にかかわった金も日記を書いていたと思われるが、現在のところみつかっていない。

それでも、金が改革派の筆頭とされるのは、他の人物の日記に頻繁に登場することのほかに、文政九年から実施される養蚕取り立ての殖産策や、天保飢饉時の家口米仕法など、重要な政策決定に常に関わっているからである。なかでも、雄勝郡川連《かわつら》村肝煎関喜内《せききない》と協力して実現した養蚕の殖産は、後世まで金の名を残すことになった事業であった。じつは、関喜内が残した史料の中に、金の手紙の写しがある。これが、金易右衛門という人物の人となりを映し出していてなかなか面白い。それを紹介しながら金の人物像に迫ってみたいと思うが、その前に簡単にその履歴について振り返っておく。

安永五年（一七七六）年の生まれで、没年は天保十年（一八九九）。実名は秀興《ひでおき》。石井忠行《ただつら》の「伊頭園茶話」が載せる、明治十六年（一八八三）七月一日の「秋田日報」の記事によれば、「久保田ニ学館ヲ建ルニ会テ、学館諸生トナル、其人と為り鋭爽邁ニシテ辞令ニ嫺へ事務ニ通セリ」とある。「鋭く、気性がさっぱりしていて、言葉遣いにすぐれ、事務に堪能である」ということであろうか。文化八年（一八二五）の分限帳によると、禄高は五八石余りである。文化四年（一八〇七）の箱館出兵では、陣場奉行を務めている。この職は武官としての最高位ではない。軍の経営全体を俯瞰して統率し、場合によっては相手と交渉する能力が必要となる。事実この時、金は配置先をめぐって箱館奉行と交渉している。したがって、すでにこのあたりから、金の有能さは藩の中で評価されていたのだろう（ただし石井忠行は、「伊頭園茶話」のなかで、金は兵法に不案内であり、軍の調練はほとんど大山矢五郎が行ない、金もそれにまかせたと述べている）。

「御亀鑑」の記述を拾うと、財用吟味役を経て、文化元年財用奉行、同二年郡方奉行兼帯、勘定奉行・銅山奉行兼帯とある。天保飢饉時の天保四年（一八三三）には、仙北筋三郡（仙北郡・平鹿郡・雄勝郡）全体の郡奉行に任命されたが、その農政のあり方が北浦一揆の一因になったとして解任される。しかし、その後も復権を遂げ、いろいろな政策に関わっている。

金の名を後世に残すことになったのは、雄勝郡川連村肝煎、関喜内との連携によって実現した、藩直営の養蚕取り立ての殖産政策である。これは、文保元年（一八一〇）に開始され、文政十一年には領内に一七の養蚕座を設置するに至る。当初は糸取を目的とした養蚕をめざしたようであるが、実際には種紙（たねがみ。蚕のタマゴを生みつけさせたもの）を領外に販売する方向で展開した。

ところが、この藩直営の養蚕経営は、天保三年に突如廃止され、民間への委託となる。その理由については詳しくは他に発表した拙論を読んで頂きたいが、要は、借財だけが嵩み、当初金らが示した青写真通りには利潤を生み出せなかったというのが最大の理由と思われる。金は、以後五年間は赤字が続くが、六年目からは黒字に転じ、大きな国益となるという趣旨の中間報告を提出して反論するが、反対派を論破することができなかった。

以下に紹介するのは、そのような四面楚歌の状況の中で金が、山崎甚五兵衛という人物に宛てて書いた手紙である。山崎は、当時勘定吟味役の職にあって、大坂詰であった。山崎は、「八丁夜話」の著者橋本五郎左衛門（町奉行）にいわせれば、「秀興（金―注金森）が眼中の人」とされるように、金のシンパであった。そして橋本自身は、金について「秀興誠に風前の灯なり」と書いているように、金の反対派だったようである。

それでは、金の手紙を、部分的ではあるが紹介しよう。出だしはあたりさわりがないことを書いているが、内容が養蚕方のことになると、急に熱を帯び始める。

養蚕方も追々連絡した通りの具合で、勘弁もし、斟酌もして耐えられるまで我慢しているが、何分、狐疑ばかりで一つも決着を見ず、堪忍袋の緒が切れそうな状態である。このうえは、とにかくお上の思召し次第であり、対応にいたらないことがあればどのような不調法に仰せつけられても異存はないと自分の気持ちを伝えて引き下がったが、またなんだかんだと、言いがかりをつけてきて、まことに気遣わしいことばかりである。いまここで引き下がっては、このあとの取計いは誰であっても対応できず、ただ場をつくろい、これまで同様にただ御家がとり続いていけばいいということになってしまうだろう。この開発から手を引くということになれば、百万本の苗木が無駄になり、また現在十七ある養蚕座のいくつかを休止してしまってはいっそう現状を凌ぐことが困難になってしまう。反対の論は、みな介川の入れ知恵であり、小瀬などが自分で考えたことではない。だからこのことについては一度も直接議論に応じたこともない。こちらから議論を仕掛ければ逃げるばかり、それゆえ、内幕ばかりのもめごとはさらにきりがなく、これまでののびのびになってきたような次第である。

かなりストレスがたまっているような書きぶりである。藩内の状況を「狐疑」ばかりとするところに、金の気性が窺われる。ここで「介川」とあるのは、勘定奉行の介川東馬《すけがわとうま》で、当時山崎とともに大坂にあった。「小瀬」は小瀬又七郎《こせまたしちろう》で、当時家老であったにもかかわらず、なんと呼び捨てである。表向き、小瀬が養蚕方反対派の代表であったようだが、金は、養蚕座から藩が手を引こうとする決定の裏に、介川の動きを見ているのである。

しかし、金は、養蚕座そのものの経営を諦めなかった。彼は、民間の出資に期待した。だが、秋田領内ではそのような投資ができる商人や農民は限られている。そこで金が目を付けたのが上方商人であった。金の手紙を続ける。最初の傍線部の部分は、大坂商人加嶋屋《かじまや》の支配人、加嶋屋定八の意見を引用した部分である。

さて、このことにつき、御領内において二〇人という人数を集めるのも大変であろうから、それよりは辰巳屋が養蚕開発の最初から参加していたことでもあるので、同人からの出銀を仰せつけられ、これに基づいて定八の方でも、これほどのことである以上は及ばずながらお話に加えていただくほかはなく、詳しくは、支障のない限りで山崎様に御帳面の内容をお知らせしては、との意見であった。たいへん好意的な意見ではあるが、御館入に依頼するということになると、再度勘定方で話合いをし、家老中の指示が必要となる。これまでなんとかやってきたのは、再度の勘定方での話合いを行なうことを避けるためである。言ってみれば、地に植えた桑の木が成木となれば桑の葉も増えるということは、三歳の子どもでもわかること。十年年経てばなお利潤が増大することはあらためて言うまでもないことである。特に今回の中間報告は、その年柄により増減があるとしても、畠への入料は十分算出したものである。種紙も多くは今年より即金払いにでき、関東方面からは八千枚もの注文が来ている。今年は、他の地域にも働きかけるつもりである。ここから生ずる利潤を考えれば、御領内において四〇〇〇両余の不足分を二〇人で割ると一人あたり二〇〇両であり、三年間もあればその分を出金することはそれほど困難なことではない。

文中に出てくる館入《たちいり》とは、藩と取り引きのある上方商人のことを言う。「辰巳屋」もその一人である。加嶋屋と辰巳屋は、天保の飢饉時にも大金を秋田藩に提供した館入であった。加嶋屋定八は、豪商加嶋屋作兵衛の支配人で、この時その手代が秋田を訪れていた。金に、まず辰巳屋と交渉し、出金を申し出させよ、そうすれば加嶋屋も同様の動きをするよう本店にはたらきかける、とアドバイスしている。後半は、金自身の考えを述べた部分で、一定のスパンで考えれば、養蚕方を軌道に乗せることは困難なことではないと主張している。金の手紙を続ける。

今回はわざわざ親切に申し出てもらったが、大坂へこのことを申し伝えることは延期すべきと思う。そのうえ八兵衛の身分も現在は以前とも違い、ことに同人は、失礼ながら町家風の者とは思えない手ぬるい所があり、このような厳しい御用などには役立つとは思えないと定八に伝えたところ、「なるほどお心の内は了解しました。御同役様方の話し合いで表向き上方の方にも申し伝えることができかねるうえ、八兵衛もそのようであれば、久々知屋吉兵衛はいかがでしょうか。何分にもよくよく山崎様まで内々ご連絡願えれば、帰坂のうえ幾重にも御相談のしようもあるでしょうから、御取調帳は山崎様にお送りいただくのがよろしいかと存じます」と、実に親切な提言をしてくれている。しかし、吉兵衛とても後先の知らぬことゆえさっそく承知することとも思われず、よほど養蚕のことをよく心得ている者で

なければ引き受けることもないことゆえ、加嶋屋ばかりはなんとしてでも大金を出して、御国益のため

……引き受けてくれるであろうから、これに十人でも引き受け手が出てくれる状況となればこのうえないことである。そのあたりのことはどうであろうか。簡単に言葉にすることができず、心痛の限りである。秋田の方で十人は集めることができるだろうが、あと十人はたいへん難しいと思われる。

「八兵衛」というのは、おそらく広嶋屋八兵衛という人物で、大坂詰勘定奉行と館入との間にたって交渉役を勤めた人物である。金は、これを商人らしくないと評している。これに対して、加嶋屋定八は、「八兵衛がそのようであれば、久々知屋吉兵衛はいかがでしょうか」と言っている。久々知屋《くくちや》も大坂館入の一人で、天保十一年には、館入たちの惣代として藩状の視察に来秋している。金も、加嶋屋には大きな期待をしている。加嶋屋は資金を出してくれるだろうから、加嶋屋を加えて、十人ばかり上方で出資者を募れないかと言っているのである。さて、次が、もっとも金の気性があらわれた部分である。

十か年の平均を考えて中勘通りに成果が出ず、請負の者たちに迷惑が及べば、十二年なり期限を延長し、あるいは十三年、十五年と延長したとてお上の御損失になるわけでもなく、逆に何もなかった不毛の土地が三〇〇〇石ほど開発され、種紙は他国に移出されて国益となり、さらに桑畑や養蚕への資金投入は、領民の御救いとなるのである。近年は米価が高いため、通常ならお上に対して御救いを願い出るような村々であっても、養蚕や桑畑の経営、糸取や真綿かけなどの余業のおかげで苦情は出ていない。そのような村は、扇田《おおぎだ》や能代のほかにもたくさんある。糸取や養蚕は、桑畑が開け次第大量に生産されるようになり、また種紙の御利潤も増大するはずである。この国益をはかるために、日夜心を砕いて勤めている者たちは、三都に詰めている者たちのようにうまい酒も飲まず、毎日冷えた弁当を食いなが

ら勤めているにもかかわらず、今年の成り行きは誠に困ったものである。しかしながら、屋形様の御為と思えば少しも気にもならない。十年もたてば事の白黒ははっきりすることであり、その時は小口をたたいた者の鼻柱を石にたぐりつけてやるまでである。

前に述べたように中間計画の通りにはいかぬまでも、今回請け負いを承諾してくれた者たちに一金たりとも損失をあたえるものではなく、また、義を見てせざるは勇無きなりの言葉のごとく、お上の御為になるに違いないことを、鼻先の患いばかりに目をとめて計画をとりやめるなどという道理はないはずである。この一心により金鉄のごとく突き進む者に対して天道は恵みをあたえるものであるから、真っ暗な世の中にあっても不調法に問われる心配などまったくしていない。今回の計画のためなら、百枚の証文を出したとて少しも苦労とは思わない。

前半は、いかに養蚕が農民の撫育に役立つか、また国益につながるか、自説を展開している。自画自賛の傾向がみられる文である。後半の傍線部が、実に金らしいところである。

金がライバル視した介川とは、天保九年の、二度目の「家口米仕法」の発令でも対立する。金が立案し、介川が反対に回った。このとき介川は、金の意見をとるか自分の意見をとるか。もし自分の意見が入れられないのであれば、自分は隠居すると家老たちに伝えた。そして、結果は金の意見が採用され、介川は引退する。その介川の家を訪れた金の実子大之進は、「もともと頑固な父だが、近年歳をとってさらに頑迷になって、困ったものです」と語っている。金も介川も、義和の人材登用によって頭角をあらわした人物だが、その関係にはなかなか微妙なものがあったようである。

改革派官僚の肖像（2）

――野上国佐

前回の金易右衛門に続き、改革派官僚の代表的な一人として、今回は野上国佐《のがみくにすけ》を取り上げる。前に、「門閥VS下級官僚」のところでも、渋江和光と対立した、藩校の祭酒として紹介した人物である。

安永三年（一七七四）生、弘化三年（一八五〇）没。簡単に履歴をみておくと、寛政五年（一七九八）学館勤番、同七年〜一〇年まで江戸留学で、折衷学派《せっちゅうがくは》の山本北山《やまもとほくざん》のもとに寄宿。帰国後、享和元年（一八〇一）学館教授、文化六年（一八〇九）財用吟味役として能代詰、その後、銅山吟味役・副役《そえやく》を経て、同十二年には評定奉行となる。また、文政五年には、藩校の教職員である文学、天保四年（一八三三）にはその最高職である祭酒となる。なお、この時には、表方《おもてかた》での経験をかわれて、評定奉行格として、評定奉行らとともに会議の場に出席することを求められている。なお、文化八年の分限帳では四九石余である。

このように見ただけでも、野上が、藩校を中心として頭角を現した下級能吏であることがはっきりとわかる。刈和野郷校設立をめぐる対立の中で、門閥の渋江和光をやり込めた弁舌の鋭さは、長い藩校職員としての学業で培われたものであった。しかし、彼の、生真面目ともいえる性格にも起因しているかもしれない。たとえば、野上の残した史料としては比較的初期の頃のものに「能代方御用日記」がある。この史料の冒頭部分に、次のようなことが書かれている。能代方片付《かたづけ》を仰せつかった野上は、その直後、上役から「小羽《こば》代不納帳」という帳簿を預けられる。これは、前任者が上役らの依頼に応じて私的に融通してやった小羽の代金の不納分をまとめたものであったが、野上は、公用としてなされたものでないから、能代片付としての自分が処理すべきものではないとして、前任者にこの帳簿を突き返している（『能代市史』資料編近世一）。

また、先にも述べたように、寛政七年から同十年まで江戸に留学しているが、同八年に一度帰国している。その間の暮らしぶりを一部、「御学館勤番日記」から引用してみよう。

十月十七日　雨、夕過学へ入、一宿。
十八日　晴、学より直々東海林順泰へ罷出、又々学へ入、日暮罷帰候《まかりかえりそうろう》。
十九日　雨、九ツ過学へ入、一宿。
二十日　晴、八ツ以前学より罷下《まかりくだり》候。日暮学へ入宿。
二十一日　晴、朝霜、八ツ以前学より罷下候。日暮学へ入宿。
二十二日　晴、霜、八ツ時罷下、日暮又入学宿。
二十三日　晴、霜、早朝罷下、則墓参仕候。暮以前又入ル。
二十四日　雨、直々学ニ罷在《まかりあり》、一宿仕候。
二十五日　風雨、小雪、朝罷下、直々又入ル。
二十六日　雨、直々学ニ罷在候。
二十七日　陰、朝学より罷下候。夕過大縄新蔵所へ見舞、直々文学先生へ罷出。
二十八日　晴、四ツ過学へ入宿。
二十九日　陰、直々学ニ罷在候。夕飯ニ新六所へ罷出候。

といった感じである。文中の「学」は学館、すなわち藩校をさしている。ほとんど野上は、藩校に寝泊まりしているようなものである。このあとも同じような記述が続く。藩校には武芸所もあったが、野上が入り浸ったのはもちろんそちらではない。野上は、学問を深めることに佐竹家家臣としての自分の生き方を見出している。ここに、私たちは、まったく新しいタイプの武士像を見ることができるだろう。野上は、表方（役方ともいう。行政にたずさわる職務一般をさす）においても重用されたが、やがてその力量は藩校の運営に注がれていく。野上は、藩校の最高位である祭酒を務めると同時に、十代藩主佐竹義厚《よしひろ》の侍講《じこう》（個人指導の教師）も兼務した。そこで彼はどのようなことを語ったのか。

侍講としての日常は、『論語』や『孟子』を講義するものであった。「祭酒御用日記」には、その様子が「（本日の講義は）伯夷非其君（伯夷その君にあらざれば）ヨリ君子不由也（君子よらざるなり）マテ」というように、淡々と綴られている。ところが、ある時点で野上は、この定例の講義とは別に、藩主義厚に対して、学問の意義について申し述べたいから、特別に時間をさいてくれるようにと、家老たちを通して申し入れしている。天保五年（一八三四）八月十六日の条に、「私は、（藩主の）御入国以来十か年にわたって陰の間において講釈を申し上げてまいりましたが、学問に取り組む姿勢などについてはなにも申し上げてきませんでした。学問をすることなくしては政治にお差支えが生じるものであり、学問に励まれるよう申し上げたい」として、やはり義和の人材登用のなかで家老職まで出世した中安主典に申し入れしている。そしてその翌日、義厚との面談がかなった。御側方の役人三人を残して人払いをし、義厚とのマンツーマンの指導が始まった。この時野上は、次のようなことを述べている。

御国入以来これまで十か年講義を務めてまいりましたが、これまで御前（藩主義厚—注金森）より特別ご質問もなく、私からも学問へ取組む姿勢などについて申し上げることもなく、通常通りの講義をしてまいりました。よって本日は特別に御目通りを願いました。人君というものは、学問がなくては目の前の政治に支障が生じるものです。よってこれからは、私に限らず、文学や教授たちも御前に聖人の道を説いてさしあげるつもりでおります。

さて、学問というものは歴代の聖人天地の理を極め、君臣・父子・夫婦・兄弟・友人の道をたて、天下国家を治める事業でございます。これは人びと皆がわきまえなければならないことですが、とりわけ人の上に立つ者にとっては大切なことです。況や御人君として一国の上に立たせられる立場であれば、わずかの間であってもこのことをお忘れになるべきではありません。（中略）人臣は、その主（あるじ）が、堯《ぎょう》・舜《しゅん》（中国における伝説の聖人君主）のような君であればこそよく仕えるものです。ですから、私どもも堯・舜のような主君に使えるのが念願なのです。したがって、御前におかれましても、堯・舜を目標として励まれることが大切と存じます。

ここで述べていることは、儒学の聖書の一つである『中庸』の中に述べられていることを基《もと》にしており、儒学としては初歩的な論理である。これを、特に時間をとって義厚に説こうとしているところを見ると、野上にとって義厚は、期待からは遠い主《あるじ》であったようである。

天保十一年二月にも、野上は、再度義厚に進言する機会を得、君主と政治の関係を進講している。今度は『孟子』の論をひき、「人君がよく国家を治めれば、臣下や庶民もそれぞれの職分に務め、国は安穏に治まるのです」と述べているが、これに対する義厚は、「よくわからないので、わかりやすいように箇条書きで提出してほしい」と答えている。何か、野上がドンキホーテのようにも思えてくる場面である。

野上は、他のところで、「堯・舜こそ主君の理想であり、主を堯・舜たらしめるのは、われわれ学問をする者の務めなのだ」とも述べている。これは、取りようによってはかなり過激な論である。なぜなら、よい主君をつくるのは、自分たち家臣なのだと言っているに等しいのだから。

野上が、これほどまで義厚の指導にこだわったのは、天保四年の飢饉への対応が尾を引いていたと思われる。この時、野上は領内の不穏な情勢を感じ取り、義厚に再三領内の巡行を促したが、義厚はなかなか腰をあげなかった。ようやくそれが実行に移されたのは、翌年になって奥北浦一揆が起きてからであった。門閥の雄、渋江和光を論理で黙らせ、藩主に対して諫言をいとわない野上のラジカルさは、学問の力に裏打ちされたものであったと言えよう。

改革派官僚の肖像（3）

——介川東馬

今回は、改革派官僚を代表する一人として、介川東馬《すけがわとうま》を紹介したい。安永九年（一七八〇）生、弘化四年（一八四七）没。実名《じつみょう》は通景《みちかげ》。詩文にもすぐれ、緑堂《ろくどう》の号を持つ。先に紹介した金易右衛門の書簡の中で、金の殖産策に反対する一派に知恵を授けた黒幕として書かれていた人物である。寛政七年（一七九五）、十六歳で大番入りし、同八年藩校勤学《きんがく》、文化元年（一八〇四）副役《そえやく》（奉行の補佐役）、同七年財用奉行、同九年勘定奉行の経歴を持つ。文化十三年に家督を継いだ時点での禄高は六六石で、典型的な諸士であるが、文政十年（一八二七）には一代宿老席《しゅくろう》に列せられる。

介川の官僚としての力量は、なんといっても大坂商人との交渉力で示される。経歴は、金のそれと同様の道を歩んでいるように見えるが、介川には郡奉行の経験がない。これが、おそらく金の経済政策の感覚と大きく異なる要因となっていると思われる。介川は、文化十三〜十四年、文政九〜十年、同十二年、天保三（一八三二）〜同六年、同九年と、五度の大坂詰を経験している（なお、江戸時代は、大阪は「大坂」と記されることが多いので、ここでも大坂を用いる）。

よく近世の大坂は「天下の台所」などと称されるが、確かに近世を通じて経済の中心地であった。その理由を簡単に書いておくと、日本国中の大名からの米や特産物が集荷され、そこから江戸を中心とした全国の消費地に流れていったからである。江戸時代は、米を年貢としたが、武士はそれだけで生活できるわけではない。必ず換金する必要に迫られる。また、社会が安定し消費経済が発展してくると、生活だけではない、藩の利益になる産物の流通も生じてくる。それらを大坂の商人たちは一手に掌握し、全国の流通経済の中で重きをなしたのである。

彼らは、大名に対して金貸し（大名貸《だいみょうがし》）も行う。近世も半ばを過ぎて、大名の財政に影がさし始めると、大名たちは、その経済力に頼ることが多くなってくる。そうした意味でも、大坂詰の役人は、重要な役割を担ったのである。相手は上方の商人である。こちらは、出羽の、いってみれば田舎侍である。その迫力と海千山千の深謀に呑み込まれたら勝負にならない。とはいえ、商人側にも弱点はある。それは、大名領からの米や特産物の集荷がなければ、商売が成り立たなくなるということである。

秋田の場合、大坂は、米と銅の廻送先として重要であった。秋田の大坂の蔵屋敷は、諸藩の多くがそうであるように、堂島の一画にあった。ここが国元から出張した詰所（役所）となる。金易右衛門も、一度勘定奉行として大坂詰になっているが、介川のように五回も、ということになると、やはりその交渉能力に抜群のものがあったと考えざるを得ない。とりわけ、天保四年から五年にかけては非常に厳しい出張となった。言うまでもなく、東北が大飢饉に襲われた時である。この頃には「秋田は米国」という自己認識が生まれていたが、この時は領内に飯米がなくなった。逆に他領から飯米を買い入れなければならなくなったのである。

すでに、大坂商人には多額の借金がある。おまけに、大坂に廻送する米はない。したがって金はない。それでも、領民を含めた飯米を買い入れなければならない。その、米の買い入れ先の第一の候補が大坂であった。しかも、買うための銀を調達するのも大坂商人が対象である。さらに、東北諸藩を中心に、飢饉に対応しようとする全国の大名が一斉に米の買付けに奔走する。このような中で一定量の米を確保することは、難事中の難事だったのである。結果的に、介川はこれを一定度やりとげている。

たしかに、その米の調達は遅れ、領内の悲惨な状況を全面的に回避できたわけではなかったが、天保五年五月の段階で、八万八〇〇〇石の米・雑穀が秋田に到着している。この時、介川は、大坂において銀五一三四貫目の調達を実現したのであった。これは、一両＝六〇匁として、八万五五六六両余にあたる。もちろん、これは介川一人の力で成し遂げられたものではない。この時には、わざわざ秋田から家老の小野岡大和（義音）が大坂に出向いて、藩主の直書《じきしょ》という形で、商人たちに依頼している。

大名と大坂商人との関係といえば、ただちに蔵元《くらもと》を想定するが、商人との付き合いは、蔵元だけに限ったものではなかった。天保のころ、秋田藩の大坂蔵元は、鴻池《こうのいけ》新十郎と塩谷《しおや》孫左衛門の二名であったが、このほかにも多数の取引商人が存在した。彼らを、屋敷に出入りを許されたものという意味を込めて、「館《たち》入《いり》」と呼んだ。この館入は幕末のころで、大坂に限っても四七人確認できる（佐竹文庫「惣御館入順筆并被下物調」）。ただし、これらの中でも秋田藩との付き合いには厚薄があって、比較的協力的な者もいれば、できるだけ距離を保とうとする者もあった。また、館入同士でも本家・別家関係があり、本家の支配人としてその意向を尊重しなければならない者もいた。

こうした館入の中でも、秋田藩にとってとりわけ重要な役割を担っていたのが、加嶋屋《かじまや》作兵衛であった。加嶋屋は蔵元ではないが、秋田藩は、先の蔵元二名にこの加嶋屋を加えて「三家」と呼び、江戸の生活資金の多くをこの三家の提供に依存していた。しかも、当時経済的な難渋を訴えて秋田藩の対応に消極的になりがちであった鴻池に対し、加嶋屋は積極的に協力していた。介川が、蔵元や館入商人の側の情報を的確に把握できたのは、加嶋屋の支配人、加嶋屋定八や同弥十郎の協力によるところが大きい。このほかにも、辰巳屋久左衛門や、鴻池庄兵衛など、秋田藩に協力的な者がいた。

しかし、介川にとって、やっかいな壁となったのは、商人たちだけではなかった。大坂町奉行や町人の代表として役にあたっていた年行司《ねんぎょうじ》たちの動きが、障害となったのである。それは、大坂という大都市の飯米を確保するという、全国の大名が直面した課題に、彼らもまた取り組まなければならなかったからである。

さらに、幕府は江戸という大消費地を抱えていたから、大坂には江戸への廻米が要求されてくる。そうすれば、大坂という大都市は、噂だけで飢餓状況が出現してしまう。これを見越した大坂町奉行所は、大坂での買米と大坂からの自由な米の移出を制限しようとし始めたのである。

天保四年、秋田藩は一〇万石の買米を計画していたが、堂島の館入の一人である播磨屋仁兵衛は、西国や九州からの登せ米は、上作の年でも九〇万石程度であり、他の東北諸藩の動きを考えれば、秋田藩の計画がいかに非現実的なものであるかを指摘している。鹿嶋屋弥十郎も、大名調達に協力した商人たちの奉行所による調査もありうるので、買米の計画は絶対に秘密にすることとアドバイスしている。

やがてそれは、現実となる。当時秋田藩は、伊予米・広島米・筑前米など、合わせて二万石の米切手を所有していたが、大坂町奉行所は、それを米と交換することを許可しなかったのである。天保四年十一月には、幕府は、余米のある各地に江戸への廻送を命じている。全国の米が集中する大坂が例外であるはずがない。介川は西町奉行の与力と交渉するが、答えは、噂だけで特に米の買い入れを禁止することなどないという、適当なものであり、それをもって年行司に行くと、米を払い出さないのは町奉行所の指示であると答える始末であった。

介川は、今度は東町奉行を相手に訴状を提出した。その中で介川は、「大名が所持する米切手分の米は大坂の所有物ではない」こと、「ここで埒があかなければ公儀に訴状を提出するつもりである」こと、「領民を撫育することが大名第一の務めであること」を主張している。とくに、三番目の論には、領民の撫育の障害となる措置をとるのは、公儀としてあるまじきやり方である、という抗議を含んでいる。こうした粘り強い介川の交渉によって、当初二万石のうち三〇〇〇石だけを支払うとしていた奉行所であったが、最終的には、残りのうち一万五〇〇〇石を天保五年四月までに引き渡すという決定をしている。

大坂商人たちから見た介川はどのようであったろうか。これはまだ天保飢饉という大事に至る以前のものだが、コメントをいくつか見てみよう。「これまであなた様や小野崎様はいつも大変な時ばかりのご出張で、誠に難儀なことと推察します。しかし、あなた様でなければできないことであり、自然にそのようなことになるのでしょう」、「今回のことはまさか実現するとは思いもよらず、なかなか二か月や三か月でできることではありません。それを半月で片づけてしまうなど、いったいあなた様の信念はいかばかりのものかと驚きます」（鴻池支配人清八）、「結局はあなた様の実意がそれぞれの心によく通じたのです」（辰巳屋支配人長兵衛）、「住吉屋でお待ちしています。調達調達といっても、お酒にお付き合い下さらないと応えられませんよ」（鴻池庄兵衛）など、なかなか面白い。

もっとも、これらは介川が自分の日記に記していることなので、自画自賛的で話半分だし、上方商人特有の世辞ともとれる。しかし、介川が日常的に培った大坂商人との関係は、藩の運命を大きく動かすのである。門閥の雄、渋江和光は、その日記の中で、「領民が苦しんでいるのに米が全く入ってこないのは、役人たちが目先の利益で動いているためで、責任は彼らにある」と批判しているが、これは現実を知らない「殿上人」の論であると言わざるを得ない。

改革派官僚の肖像（4）

――介川東馬と金易右衛門

前に金易右衛門について述べたところで、金の手紙の中に、養蚕方に反対しているのは、介川の入れ知恵だ、と書いてある部分を紹介したが、今回は、この二人の関係ついて書いてみたい。

たしかに養蚕仕法をめぐっては、金と介川は対立したが、かならずしもこの二人の仲が悪かったわけではない。それどころか、長い間同じ勘定奉行として困難な財政状況を打開するために苦楽をともにした仲だった。しかし、それだけに改革の是非をめぐって論点が対立すると、とりわけ金の場合、相手を痛烈に批判してやまない傾向があった。その点、文人として多くの人物と交流し、上方商人とわたりあって知己も得ていた介川は比較的冷静であった。前に紹介した金の手紙の中の介川批判は、そのような両者の性格に起因するところがあるかもしれない。

前にも書いたように、金の日記が残っていないので、介川の日記によって見ていくしかないのであるが、そのなかに、金について興味深い記述がある。文政七年（一八二四）十二月十八日の記述である。数日前から金が病気保養を申し立てて、登城してこなくなった。時期は、一〇代目義厚の将軍御目見、節姫の会津への輿入れ、義厚の入部などが重なって、財政の運用が行き詰まっていた時である。このような中で何の前触れもなく病気療養を申し立てることは考えられないことであり、行動力のある金の欠席は介川にとっても痛手であった。そこで介川はその数日前に金の屋敷を訪問して様子をみたのであるが、その時金は、この財政困難なおり、自分のような者が重要な役割を命じられても大したことができないのでは恐れ多い、ついては勘定奉行の職を辞するつもりであると言い出した。介川が何度言って聞かせても、これは以前からひそかに決めていたことであるといって譲らない。そこで、また来るまでよく考えておくようにと言い置いて、この日再度訪問したのであった。

この再度の訪問で、金は、貴君とは縁家でもあり、また以前から懇意でもあるからごく内密にしてくれと前置きしたうえで次のように語った。

退役之存慮抑《そもそも》七ヶ年以前よりの事ニて、去ル子年御省略の義ニ付江戸へ罷登《まかりのぼり》候節小太郎と議論相合わず、同人罷下《まかりくだり》後小野岡大和殿御省略御用ニて罷登られ候所、その前より相詰られ候岡本又太郎殿と是亦《これまた》取合のわけこれあり、又太郎殿御国本へ御用有の趣　壱岐守様より仰出《おおせいだ》され罷下られ候。其《その》後御省略夫々《それぞれ》取調済候て罷下候所、又太郎殿何やら御含《ふくみ》の模様もこれあり相勤かね候ふり合ニ付、その砌差入候得共、貴様なとの御懇諭且《かつ》大和殿御丁寧ニ御諭もこれあるニ付よんどころなく出勤いたし候。(中略）当時の御差支《さしつかえ》中々勤りかね候義は第一のわけニて振れ候事ハこれなく候へとも、右の外ニも一通ならす次第もこれあり、小太郎なと丶ハいつニても一々議論相異し、是等も心配ニ存候。其外ニも口外も相成ざるわけも一方ならずこれあり、中々以相勤兼《かね》候事ニ候。

史料中に出てくる「小太郎」とは、「瀬谷小太郎」で、当時金と同じく勘定奉行であった。これと意見が合わなかった、と言っていることはすぐわかる。小野岡大和と岡本又太郎はともに家老である。おおよそ、次のように意味になろうか。

「この職を辞することは七年も前から考えていたことである。文化十三年に倹約政策のために江戸へ参府した際、小太郎と意見が合わず、同人が国もとへ帰った後御家老の小野岡殿が江戸お登りになられたが、今度はそれ以前から江戸詰であった岡本殿と意見が合わずに対立した。岡本殿は壱岐守様のご命令で国元にお帰りになられたが、その後自分も倹約政策の取り調べが済み帰国した。すると岡本殿には何か自分に対して含むところがあるようで、自分には勤めにくい雰囲気となったので遠慮願いを出すことにした。しかし、貴君や小野岡殿がいろいろ諭してくれたのでやむをえず勤めた。今の財政問題はなかなか難題で自分には手におえないというのが辞任の第一の理由だが、そのほかにもいろいろあり、小太郎などとはいつも意見が対立し、これも理由の一つである。そのほかにも口に出せないことが多々あり、とてもこのままではやっていけない状態なのだ」。

瀬谷小太郎は、藩校の祭酒を務めたこともある人物で、前にも述べたが、瀬谷は「此人の癖にて、尤なる事をいふても先ツ其言をおさへて論を入る。はしめより尤ていふてハ其分にて止む故、論を起させんため也、論してハ互に其事練合て堅くなる故とそ」(『伊頭園茶話』)と論評されるような人物である。金も、史料を読む限りではかなり自己主張の強い人物である。この二人の意見がしばしば対立したのであろう。現代人でもそうだが、自分を客観化して見るのは難しい。論のたつ相手が議論を戦わせれば、相手も自分を同じように思っているはずなのであるが、よほど金は瀬谷が嫌いだったのだろう。

しかし、金が対立したのは、瀬谷だけではなかったということが、右の史料に述べられている。一読すると、小野岡と岡本が対立したかのように読めるが、よく読んでいくと「差入候」の主体が金であることがわかるから(敬語が使われていない)、岡本と「取合」があったのは金である。つまり、金は同役だけではなく、家老である岡本又太郎(元長)とも論を戦わせたのである。こういう人物は、仕事ができて、崇拝者もいるかわりに敵も多いだろう。

ところで、介川は、文政十年、一代宿老《しゅくろう》席を許可された。介川は几帳面な性格であったらしく、日記の各年の正月の最初には、「文政十丁亥年　御勘定奉行兼銅山奉行在坂　四十八」というように、かならず役職と年齢を記している。それが翌年から、この欄に「一代宿老席」という一言が加わっている。この時同時に、側方から中安主典と金肇《こんはじめ》が同じく一代宿老席を許されている。一代宿老席というのは、いわゆる席次にかかわる資格であり、その者一代に限って廻座席を許されるのである。当然禄高の加恩もあったが、一代宿老席の許可そのものに実体はない。しかし、家柄や家格が重要視された武家社会にあっては、大きな恩賞であったことはまちがいない。中安主典など、出仕の時はわずか一五石の小身であるが、表方を歴任してから側方に移り、最終的に家老にまで出世している。さきほど実態はないと言ったが、家老職に任じられるのは引渡か廻座の家柄であるから、その意味では一代宿老席がものをいったと言える。

その介川は、しばらくたってから、家老たちの中でもっとも懇意にし、また表方諸役に理解のあった疋田斎《いつき》（定綱）に対して、金易右衛門の一代宿老席許可についてなんとかならないかと打診している。もちろん、家格に関わることであるから本来介川などが提案できることではないし、また金が介川に頼んだのではもちろんない。いわば介川の、有能でありながら報われない（と介川は考えた）金への思いやりであったのかもしれない。あるいは前述したような、ある意味屈折した金の心情を思いやったのかもしれない。金易右衛門ほど事務能力にひいで豊富な経験を持つ者はおらず、文化四年（一八〇七）の箱館出兵時の陣場奉行としての采配など、金であればこそ成し得たのであり、彼をおいて他にできる者はなかったとまで言い切っている。そして、そのことは斎殿を含めた重臣の方々も十分に承知しているはずであり、自分が一代宿老席を賜わるのであれば、易右衛門にも許可されるべきであると進言している。また、側方から二名許されているのだから、表方からもあと一名許可していただければバランスがよいではないかと、これはあまり説得力があるとは思われないことまで理由にあげている。

これに対して疋田は、易右衛門の能力は誰もが高く評価し、だからこそ御加恩（禄高の加増）もなされているはずで、一代宿老席の許可というのはまったく別の論理でなされるのだと、苦しい弁解をしている。うがった見方をすれば、家格において優位に立った介川の嫌味なパフォーマンスともとれないこともないが、他者の面前でなされた会話ではないから、介川は金の問題点を感じつつも、その表方役人としての能力を高く評価していたのであろう。

その介川と金が政策面で対立することになったのが、養蚕の殖産であった。これは、前にも書いたが、雄勝郡川連村肝煎席喜内と金との〝合作〟として生まれた。勘定方の下に養蚕方という担当を置き（責任者は金易右衛門）、各地に藩直営の養蚕座を設けて蚕種紙を生産して販売するという政策である。当然これには資金がかかる。これは、藩内部の各部所の備金の借入と、領内商人資本および大坂銀主から借入金で実行に移された。これが藩の正式な「被仰渡」として出されたのが文政九年（一八二九）であり、藩が直営という形から手を引くことを決定したのが天保三年（一八三二）であった。

前に金易右衛門をとりあげた際に紹介した山崎甚五兵衛への書簡は、そこに至る状況を反映したものであり、そこで金は反対派の中心に介川がいると判断したのである。金の書簡のように「皆介川の入れ知恵」などと表現すると陰湿な足の引っ張り合いをつい想像してしまうが、実は文政十二年の段階で介川はその日記に次のように記している。

養蚕の義金易右衛門専らニ仰せつけ置かれ候義ニ候得《そうらえば》ハ彼是申候も思慮も候へども、此度《このたび》大坂に於いてかしまや定八三ヶ年中ニ七千両指出《さしだす》べく御受申出候事ハ至極ニ候へども、此《この》近辺の容子ニ候得ハ種紙の捌《さばき》かた甚以《はなはだもって》六ヶ敷《むつかしき》様子、左候得ハ何程開発出来候ても右捌《さばき》かたの都合丈夫ニこれなく候てハ莫大の損分ニ相成事ニ付、とかく一時ニ手広ニいたし候事ハ如何、段々ニいたし候方と被存候。此段易右衛門へ良八・治兵衛連名ニて申し達すべきやと申合候。

この時介川は大坂詰である。内容は、「養蚕の事は金易右衛門が中心に仰せつけられて行っていることなので、(外から)あれこれ口出しをするのは憚られるけれども、このたび大坂の加嶋屋定八が三年にわたって七千両出仕することになったという。これはたいへん結構なことであるけれども、この地方の様子を聞いてみると、種紙の売り捌きはなかなか難しいということである。どれだけ生産が進んでも、販売ルートがしっかりしていなければ莫大な損失を出すだけである。したがって、一気に事業を拡大することを控え、徐々に様子を見ながら進めていくのがよいと思う。このことを金に報告してやった方がよいかどうか、他の同役と相談した」というものである。

つまり、介川は介川で、養蚕仕法の行く末を心配して情報収集を行なっており、販売ルートについて懸念を抱いたのである。決して養蚕殖産そのものに反対していたわけではない。金にしてみれば、こうした事業は成果をみるまでは時間がかかると主張したいわけだが、販売ルートについてはまた別の問題である。金は金で、関東に手の者を派遣し、その販売には十分成算があるとみていた。

しかし、養蚕をめぐって二人の関係が決定的に決裂したのは、天保二年(一八三一)に入ってからである。この年、養蚕方の収支をあらためて見直しした勘定方は、養蚕方が大きな負債を抱えていることを確認した。養蚕の殖産を主導していた金に説明を求めると、今後五年間は赤字であるが、六年目から黒字になり、負債を返済しても莫大な利益をあげることができるという見積書を提出した。

介川は、しかしこれに納得しなかった。赤字が確定している五年間の資金をどうやって捻出するかも問題であるし、六年目から黒字になるというのもあくまでも見通しに過ぎず、もしそのようにならなかったときは、藩は今以上に莫大な負債を抱えることになる。もともと養蚕に関しては、領内の農民の余勢の一助にするのが第一の目的であり、他領に種紙を販売するなど予定外の事であるから、養蚕方の事業をただちに縮小すべきだ、というのが介川の主張であった。前に紹介した金易右衛門の書簡は、このときの思いを書いたものである。

いわば、養蚕殖産をめぐる二人の対立は、有能な能吏の見解の相違からくるものであり、十分な議論をふまえれば、より有効な成果を残せる可能性をもっていた。しかし、江戸時代の政治ということを考えれば、それにはこのような意見の対立を止揚して、より上のステージへ押し上げるリーダーシップをもつ者が必要だった。この時の秋田藩は、多くの有能な下級官僚を抱えながら、そうした力を統合していく存在を欠いていたと言わざるを得ない。

大坂詰留守居役の日々

大坂の場合、藩邸というよりも蔵屋敷が詰所（藩の役所）であった。秋田藩の蔵屋敷は堂嶋川の岸辺にあり、周辺は他の大名の蔵屋敷が軒を並べていた。

秋田県公文書館に文化十四年（一八一七）の秋田藩蔵屋敷の図面があるので、それを紹介しておく（八九頁参照）。細かくてご覧になりにくいだろうが、図の上部に「表御門」があり、すぐその右側に「御門番所」と並んで「御留守居御長屋」がある。江戸留守居として大坂に赴任した勘定奉行は、ここに居を構えた。また、敷地内には商人（館入）たちが詰める集会所も配置されている。江戸藩邸は、隔年で藩主が入り、あるいはその細君や子供たちが暮らす場所であり、家老もいるが、大坂の場合それがない。この点が大きく違う。したがって、詰めている役人の人数も限られる。

介川の日記を見る限り、藩から交代で派遣される勘定奉行（多い時でも二人）のほか、勘定吟味役（一～二人）、同片付役《かたづけ》（一人）、御米御払役（一人）、目付役（一人）、物書（一～二人）が役職として知られるだけで、あとは数名の役人と小者が詰めている程度であったと思われる。したがって、勘定奉行が最高責任者の立場にあったことになる。それも通常は一人であり、必要があって二人詰となった場合は、一人が市中に宿を借りている。

彼らの業務は、国許から送られてくる廻米《かいまい》の入札に立ち会い、正当な評価額がつけられているかを確認したり、全国の作柄の情報を、館入らから得たりすることであった。また秋田藩の場合、長崎御用銅を納めるという大切な役割があったから、銅問屋との情報交換や銅座役人との交渉も必要であった。特に、領内鉱山への仕入金などの前貸金を、できるだけ早く幕府から受け取るように計らうのも重要な仕事であった。また、国許から廻送されてくる銅や米を積んだ廻船が途中で難破した時などは、その地に問屋の手の者や役所出入の人足を派遣することもあった。難破して引き揚げられた場所が、国許に近ければ秋田から、大坂に近ければ大坂から派遣することになっていたのである。

しかし、なんといっても重要なのは、館入たちとのつながりをしっかりとしたものに保つことである。近世後期になると、上方商人からの借金がない大名は皆無であるといってよい。秋田藩もまた、多額の負債を抱えていた。本来、大坂に廻送されてくる物品が入金のもとなのだが、やがて数年先の、あくまでも予定としての廻送品を引き当てにした借金が始まると、際限なく増大していく。この商人たちに愛想をつかされれば、江戸藩邸の生活も、国許の財政運用も困難をきたすのである。したがって、この商人たちとの〝絆〟をしっかりとしたものにしておくこと、そして必要な時にはそこからできるだけカネを引き出す能力が、もっとも必要とされたものなのである。

これは相当にストレスのたまる役職であったことは疑いない。そのためには、今でいえば〝接待ゴルフ〟のようなことまでやらなければならないこともあった。とにかく、酒が飲めなければ仕事にならない。これは、日本人の悪しき伝統であろうかと思うくらいである。次に、介川の日記から、いわゆる〝飲み会〟に関する記述を、ある一定の時期を無作為にとりあげて、一覧にして示す。年代は天保四年、東北が大飢饉に見舞われた年である。

一月一日　年始の客、御館入多数来訪。書院・勝手にて盃事。
同四日　御蔵開につき御蔵元など来訪。わた屋にて酒席。

同五日　御蔵開につき旧家御館入来訪。浜方御館入とも住吉屋にて酒席。
同九日　三家の主催にて戎参詣。帰り冨田屋にて酒宴。夜五つ頃帰宅。
同十四日　内々の相談につき住吉屋。塩屋平蔵を招く。
同日　船初見分。暮より住吉屋へ参る。山下八郎右衛門・奥山甚右衛門・奥山仁兵衛・山下惣右衛門らが参加。
同十七日　三家へ調達金の依頼申し渡し。その後住吉屋にて振舞。
同十八日　辰巳屋へ調達金の依頼。その後わた屋にて振舞。
同十九日　鴻池庄兵衛へ調達金の依頼。その後住吉屋にて振舞。
同二十九日　三家、調達金御請。わた屋にて振舞。
二月四日　初午につき屋敷稲荷神事あり。茶・飯出し、その後わた屋にて酒席。山中新十郎・梶川惣十郎・同市之助・辰巳屋猪之助・加嶋屋三郎兵衛・鴻池庄兵衛・鴻池清八・同幸八・塩屋平蔵・同茂助・加嶋屋弥十郎・辰巳屋長兵衛・山崎屋与七郎・近江屋次八・加嶋屋彦七。
二月五日　初午につき、旧家御館入・浜方など招く。住吉屋にて酒席。高岡吉右衛門・大坂屋孫右衛門・長浜屋源左衛門・伊勢屋藤四郎・炭屋次郎右衛門。
同七日　堺御館入酢屋利兵衛・宗十郎、同支配人仁兵衛へ調達の依頼。住吉屋にて振舞。
同十二日　浜方御館入をわた屋へ招き振舞。室谷次郎助・升屋源左衛門・播磨屋権之助・播磨屋源左衛門・吉文字屋久米蔵。
同十四日　調達出精の礼として芝居を振舞う。料理も入念に申し付ける。参加者は、山中新十郎・梶川惣十郎・同市之助・辰巳屋猪之助・鴻池庄兵衛・鴻池清八・鴻池幸八・塩屋平蔵・同茂助・加嶋屋弥十郎・同要助・辰巳屋長兵衛・鴻池太蔵・山崎屋与七郎。

同十七日　三家の主催にて「万度会」。住吉社へ廻船の無事を祈願。社参以前軽き酒。参殿拝礼、神楽奉納。伊丹屋にて酒席。七つ半頃帰る、途中冨田屋にて酒宴。夜九つ頃帰宅

三月十一日　昨年の廻船の無事着船を祝う。伊丹屋。座敷貸切。芸子17人をあげて大騒ぎ。参加館入は二五人

どうだろうか。「わた屋」「住吉屋」「冨田屋」というのが、いきつけの茶屋だったようである。この前も、あとにもまだまだあるのである。じつに多くの商人との付き合いが確認できる。ところどころに「三家」とあるのは、鴻池新十郎・塩屋孫左衛門・加嶋屋作兵衛で、うち前二者が蔵元である（塩屋は当主の孫左衛門が病気であったため、惣十郎が代理を務めていた）。この三家が、江戸の生活費の多くを供出していた。

また、一月十四日の船見分のところに出てくる商人たちは、船持ちたちである。さらに、ここには出てこないが、米相場でよく知られた堂嶋の商人たちは、「浜方《はまかた》」と呼ばれ、大坂へ運ばれてくる全国の米の動静を情報として握っていた。介川らは、こうした酒席という機会を通して、館入らとの信頼関係の維持、他の有力な商人との接触、他藩の情報などを得ていたのである。しかし、記事だけ見ていると、はめをはずしているとしか見えない場面もたしかにある。

天保三年三月に行われた着船祝いでは、仲仕や人足を含めて一八〇人の大宴会となっている。場所は住吉社近くの「伊丹屋」という料亭である。人数が多いので、座敷は貸切である。ここは午後四時頃に引き揚げ、そのまま「住吉屋」という茶屋に場所を移して、〝二次会〟である。ここでは芸子を十七人呼んでいる。日記には、「いつれも歓を極め、けいこなとをどふにあけおおさわき也」とある。

時間はややさかのぼるが、文化十三年（一八一六）、初めて大坂詰勘定奉行として赴任した介川は、同年の閏八月、館入たちに招かれて、鴻池新田の松茸狩りに出かけている。前日の夜八時ごろに藩の蔵屋敷前から船に乗せられて出発した。藩の屋敷からは、介川のほかに役人が四人、世話役である雑賀屋《さいがや》左十郎が同船し

た。途中から、鴻池庄兵衛・塩屋理兵衛・山崎屋与七郎などの館入も乗船してきた。翌朝四時ごろに新田の浜辺に到着したが、時間が早いので、船中で仮眠をとった。明け方に船から上がると、詰所のようなものがあり、ここで鴻池幸八と半右衛門が出迎えてくれた（この二人は、鴻池家の支配人である）。鴻池松之助も玄関で迎える。まずここで、朝食を振る舞われた。膳のほか、かるく酒も出る。

いずれも羽織とパッチ（股引）という格好で出かける。通常、招かれた時は袴を着用するものであるが、目的が松茸狩りであるから、みな最初からこのスタイルで統一していた。途中、疲れた時のために駕籠まで準備してある。茶瓶や床几なども小者たちに持たせている。途中、二か所で休憩した。二里ばかり歩いて田原山というところに到着した。途中、松茸を採りながら登っていくと、山の平らかになったところに幕張りをして仮小屋が建てられていて、毛氈などが敷かれている。家来などのために手配りが行き届いており、いろいろな持ち物を運んでくれた人足などは、一〇〇人ほどであった。

まず、仮小屋へ上がり四方を展望すると、南は生駒山の宝心寺、東は三笠山、東北方面は奈良の方まで見通せる。絶景である。重箱に詰めた肴類が出され、酒も出る。ほかに、鉢類に入った料理も出された。それからまたあちこち松茸を採りながら散策する。夥しいほどの数である。また仮小屋へ戻って夕飯となる。それぞれ曲げ物に松茸ごはん、煮しめ・香の物などがつめられたものが供される。それが終ってから梨狩りをし、酒など飲んで楽しんだ。採ったきのこはおよそ大かごに二〇あまりもあるだろうか。いろいろな料理にして出してくれる。吸物なども何種類か出された。夕方五時半ごろ山を下りた。

介川は途中から駕籠を使わせてもらい、日暮頃朝飯を出された詰所に着いた。それから湯などに入り、着替えをした。薄茶や菓子が出され、やがて酒宴となる。夜食は麦飯である。総じて丁寧なもてなしである。夜一〇時頃帰途につく。幸八と半右衛門が船まで見送ってくれる。来た時と同様、鴻池庄兵衛・塩屋理兵衛・山崎屋与七郎と同船して帰る。酔ってさまざまなことを話す。楽しいことばかりである。しばらくして、いずれも眠りについた。屋敷に着くと深夜二時を回っている。庄兵衛らは途中船を降り、別れた。

二日ばかりたって、鴻池から手柄の松茸がたくさん届いた。また、松茸が六つも七つも一緒に生えているのを土ごと掘り出したものを縄などでゆわえたものを二つ贈ってくれた。

芝居見物についての記事も多い。天保三年十月二日のことである。このたびの大坂詰の歓迎として、鴻池新十郎・塩屋孫左衛門・加嶋屋作兵衛の三家から酒の招待を受け、道頓堀の芝居見物に出かけた。屋敷からは、介川のほか、同役一人、吟味役二人、御払役二人、支配目付一人、御物書一人、大坂定居の者一人に加え、雑賀屋七之助・正三郎も出かける。相手方は、鴻池新十郎・同惣十郎・同庄兵衛・同幸八・同清八・塩屋平蔵・同茂助・加嶋屋要助などが参加。加嶋屋定八と弥十郎は風邪のため欠席との事である。新十郎たちは、すでに来ていた。いずれも羽織・袴で、こちらも同様である。芝居小屋の桟敷のうしろに休息所があり、そこでまず、吸物が出され、その後干肴で酒をたしなむ。あとから着いたものは、桟敷で酒を飲んでいる。しばらくして一同袴をとり、全員休息所で昼飯をとる。多人数なので、桟敷で食べている者もいる。二の膳、三の膳まで出、それらは支配人が配膳してくれる。焼き物は、主人が配膳してくれた。芝居がはねると、冨田屋という茶屋に席を移し、あらたにいろいろと馳走になる。

以上は、介川東馬の在坂中の日記の中から抜き出したものである。これだけ読んでいると、いい気なものだと思われるかもしれない。たしかに、介川もあまりのことに毒気を抜かれてしまっている感がなきにしもあらず、である。おそらく、秋田の商人のそれとは、スケールが違うことに圧倒されたことだろう。そのことを介川は感じたはずである。この連中を味方につければ、経済的にこれほど心強いことはない。しかし相手は名うての上方商人である。彼らから多額の金を引き出すのは容易なことではない。

五〇人におよぶ上方の館入のなかで、もっとも秋田藩に協力的だったのは、加嶋屋作兵衛である。加嶋屋は、関喜内が発案して始動した養蚕にも資金を提供している。しかし、加嶋屋は、ぜひ蔵元に、という介川の誘いを最後まで断っている。そのような加嶋屋が、なぜそこまで秋田藩に入れ込んだのか、合理的な理由を探る必要がもう少しあるように思われる。

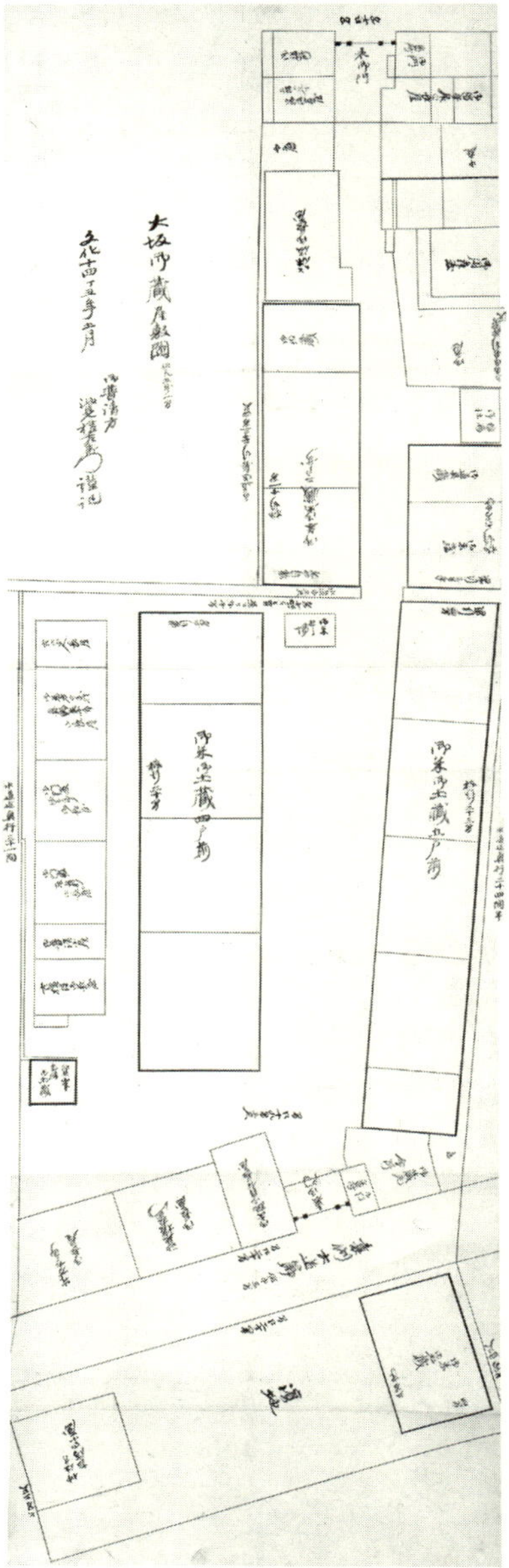

大坂蔵屋敷の図
（秋田県公文書館所蔵）

文人・介川緑堂

介川東馬は、文人としてもよく知られ、緑堂《ろくどう》の号を持つ。このような側面が、大坂の豪商たちとわたり合う交渉力の一端を支えたであろうことは想像に難くない。介川は、漢詩文に堪能だった。知識も豊富であったろう。たんなるかけひき上手というだけでは、田舎武士でかたづけられてしまう。金易右衛門も大坂詰を経験しているが、もっとも多く大坂と行き来したのは介川である。しかも、財政的になんとか館入商人たちから多額の調達金を提供してもらわなければならないという局面で、いつも介川に白羽の矢がたつのは、おそらく大坂商人たちとの相性もよかったのであろう。

大坂に詰めていたときの、介川の文人としての側面は、頼山陽《らいさんよう》との出会いにもっともよく示されている。頼山陽は、江戸後期の儒者であるが、詩文にすぐれ、能書家でもあった。初めての出会いを、介川はその日記に次のように書いている。

頼久太郎［号山陽、名譲、字子歳］京師ニて当時高名の儒者、詩文もよくいたし候ものニ付兼て逢申したく存居候へとも間違逢い申さず、今朝山下十五郎をもって申達候所、何時也御目にかかり申すべきの段申越《もうしこし》候ニ付、今夕参候。対種々閑話いたし黄昏に及ぶ。屏風一双頼まれ認置候分のよし見せ候。七絶十二節、日本高名の婦人ばかりを詠し候作、いつれも面白く相見候。拙者旅中の作等も永《(マヽ)》し候へき、自今篤く交り申したく互ニ申置候。

つまり、介川は以前から彼の高名を知っており、ぜひ会いたいと思っていたがなかなか機会がなく、文政十年四月四日、京都に出張の用事があり（藩は京都にも屋敷を持っていた）、その機会をとらえて自分から会いに出かけたのである。介川は、旅先でよく漢詩をつくり日記に記しているが、自分の作品を読んで聞かせたのであろう。「今後もあつく交流を深めたい」という最後の一文にあるように、京都に登る機会があるたびに、介川は頼山陽のもとを訪問している。山陽の妻も酒の相手をしたりしている。佐竹義和を編著者とする『別号録』が出版されたときは、さっそく山陽にも贈呈している。このような文人と交流する際には、商人と相対する時とはまた別の顔を見せたことであろうが、介川のそのような文人的な側面が、館入たちをひきつけるはたらきをしなかったとは言い切れない。

文政十二年、それまでの借財が莫大な額に達したため、秋田藩は、大坂に介川を送り込み、すべての借財の五年間の元金据え置きと利下げという、商人側からみれば手前勝手な「仕法」を断行させた。介川はこれを一方的に押し付けるのではなく（そんなことをすれば、「次」はなくなる）、粘り強く談合を重ねて、すべての銀主を納得させるという〝離れ業〟に成功した。その仕事を終えて江戸に向かう介川に対して、室谷（播磨屋）仁兵衛という銀主が、「駕籠の中ででもお読み下さい」という言葉をそえて、長文の手紙を渡している。室谷は、堂嶋の商人で、佐賀藩の館入も務めた豪商である。

室谷はこの手紙の中で、まずは、「今回の御借財についての取計いは大変難儀なお仕事でありましたが、残りなく銀主たちが同意したことは、（秋田藩の）殿様の誠意を信頼しただけでなく、皆様の賢明さにうたれてのこと、まずは成就しましたことをお慶び申し上げます」と述べたあと、商人という者のなりわいやあり方について述べ、「商人にとって金銭は武士の世禄に同じ」とし、「御武家様たちは、金銭を自然に湧き出るもののようにお考えのようですが、利足を下げられるということは、お武家さまが世禄を削られることに等しく、元利ともに反故にされるようなことがあれば、それはお武家さまが禄を召し上げられるのみならず、手足をもぎ取られることに等しいのです」と書いている。

そのうえでさらに、「五年間といえばまだ先のように思われるが、すぐ目の前の事であり、いまから財政の御取締まりを心掛けなければ、あっという間に期限を迎え、その時お約束をたがえるようなことがあれば、その後は御家様（佐竹家）の先行きは見えないことになりましょう」と箴言している。そして、最後の一文を「存出るに任せ、前後を顧みず混乱書きちらし申候。御旅中御駕籠の中にてよふ〳〵御覧下され、御帰府の上御相談の節のかたはし一助にも相成候はゞ幸甚」と結んでいる。そして室谷は、自分の署名に花押をすえ、あえてその宛所を、「介川緑堂大人　玉机下」としている。室谷は、文人としての介川に敬意を表しているのである。

堺の館入酢屋甚兵衛の、「このやり方は仁政とは言えない。仁政を行なっているのは自分たちだ」という批判には、「不敬きわまりない」と憤りを隠さなかった介川だが、この室谷の手紙にはいたく感銘を受けたらしく、同役や吟味役たちにも見せ、「町人ニハ中々気概なるもの也」と感想を記している。

室谷は、鴻池や加嶋屋ほど介川の日記に多く登場するわけではないが、館入商人という関係を越えた付き合いがあったようである。それは、楽器の合奏である。たとえば、文政九年六月二十一日の条に、次のような記載がある。

十八日晩はりまや仁兵衛、笙を携参候様申越候ニ付参候。八兵衛召連候。中町の別宅三階ニて倅次郎助ならびに弟七兵衛其外何の誰助とやら申候横笛を吹く医者参、仁兵衛と五人ニて三管会奏。九ツ過帰。

とある。「はりまや」というのが室谷である。また同じく九月二日の条にも、室谷らと合奏したという記事がある。

どうやら、笙の演奏が介川の受持ちであったようである。このような交流があればこそ、室谷は介川に対して耳の痛い内容の書簡を渡すことができたのであろうし、介川もそれを快く受け止めることができたのである。介川が笙の演奏家であったのは意外であるが、このような文人的側面が、館入たちとの交渉において、少なくない影響力をもったであろうことは疑いがない。

大坂詰役人の正月

今回が大坂編の最後である。介川東馬の日記によりながら、大坂詰役人の正月の忙しさを紹介したい。文政十年の正月を、介川は大坂で迎えた。前年の十月に、江戸から直接大坂に登っていたのである。

元日、館入たちが早朝から介川の在坂時の屋敷を年礼に訪れている。高岡吉右衛門・奥田仁兵衛など、十数名である。鶴の吸物のほか、料理を三品出して酒を振舞っている。これらの商人に対しては台所で対応している。午前十時頃から、新しい面々が訪れる。こちらには、鴻池新十郎・塩屋惣十郎・加嶋屋作兵衛らがおり、二十名近い人数である。こちらは書院に通して対応している。一人ひとりに対して鶴の吸物、他にも二種類の吸物を出し、料理は五品であるから、前段より対応が厚い。それぞれ酒を振る舞っている。午後四時頃、ようやくこの日の対応が終っている。鶴の吸物は高級品で、なかなか一藩士には手に入らないが、この時は、たまたま歳の暮に人からの頂き物があって振舞うことができたのである。

二日は、朝から三~四人来客があったが、その程度であり、この日は、大坂詰の同僚の屋敷を廻っている。ここに名前が出てくるのはわずか二名であり、いずれも介川からみると部下にあたる。夕後、彼らとともに神社に参拝している。三日は、来客が一人あっただけで、落ち着いた一日だったようである。

四日は蔵開《くらびら》きである。したがって館入たちの訪問は多い。鴻池新十郎・塩屋惣十郎・加嶋屋作兵衛・鴻池清八・幸八・塩屋平蔵・加嶋屋孫市・孫十郎・辰巳屋長兵衛・山崎屋与七郎・鴻池太蔵らが集まり、役人たちもみな参加している。人数が多いために「座敷狭く敷居を取次之間も壱面ニいたし候」とある。また、その様子は「酒宴盛ニいつれも酩酊、謡なとまてにきにきしき事也」とあり、新年と御用始めを祝う様子が伝わってくる。例によって、茶屋「綿屋」で二次会である。

五日も蔵開きの続きである。続きといっても、参加するメンバーが入れ替るだけで、することは同じである。介川の記録によると、以前は一日で終わっていたが、近年人数が多くなったために二日に分けて行うようになったとある。この日の二次会は「住吉屋」である。面白いのは、同じ茶屋でさる西国の大名の会が催されており、その会に前日秋田藩の蔵開きに参加した商人たちが数名参加していることである。そのうち、加嶋屋作兵衛や弥十郎は、そちらの会がはねると、秋田の会に飛び入り参加している。両日の蔵開きでも、館入の中には、他の大名家の蔵開きに招かれているため参加できないという者が何人かいた。つまり、彼らは一人で複数の大名家の館入を務めているわけである。

六日は、今度は介川が館入たちの屋敷を廻り、年頭の挨拶をしている。午前七時頃屋敷を出ている。この日は、全部で二九人の屋敷を廻っている。その中には、弘前藩の大坂留守居や長州藩留守居、大坂町奉行の屋敷も含まれている。大坂町奉行は、東西二か所あるから、奉行も二人である。これに対しては、太刀一腰・御馬代白銀五枚ずつをそれぞれ献納している。

館入への挨拶はさまざまで、玄関先だけの挨拶もあれば、屋敷内に通され、料理や酒などを振る舞われる場合もあった。宝暦年間以来の付き合いである長浜屋源左衛門家では、昼食として、酒・雑煮などが出された。銅問屋であった山下平兵衛家でも酒を振舞われた。辰巳屋久左衛門家は、この段階では秋田藩の館入ではなかったが、介川はこの人物に目を付けており、わざわざ年頭の礼に訪問している。高岡吉右衛門家と山下八郎右衛門家では、一家総出で挨拶に応じてくれ、酒も出された。なかなかのハードスケジュールだが、暮前に帰宅している。

七日も前日の続きである。昨日と同時刻に屋敷を出、二〇家を廻っている。加嶋屋作兵衛宅では、まず吸物と雑煮が出される。それから素焼きの盃で酒を頂く。また吸物が出され、料理もおいおい出される。主の作兵衛は裃着用、支配人は羽織袴である。しめに薄茶と菓子が出されたが、茶は主人の作兵衛自身が点《た》ててくれた。終ると、主人は玄関まで、支配人らは門のところまで見送っている。

塩屋孫左衛門家でも厚いもてなしをうけている。まずは儀礼的な盃事があり、それから三種の吸物と料理五品が出されている。儀礼的な盃事では「盃ハ壱ツ也」とあるから、盃を回し飲みしたのであろう。そのあと、料理とともに「追々猪口等多く出ス」とあるから、本当の意味での懇談の場となったのであろう。

このあと、鴻池新十郎宅でも歓待をうけている。鴻池では主人の新十郎が玄関まで出迎え、支配人ともども裃を着用している。同じく館入の山崎屋与七郎も同席している。書院に通され、そこで雑煮を振舞われている。吸物三種に料理が五種、訪問した館入中もっとも豪華であったようである。鮭汁が出され、焼き物は鯛であったと記している。そのあと、薄茶と餅菓子が出されている。新十郎は玄関まで、支配人の清八と幸八は門まで見送っている。昨年は一日の廻礼で済んでいたらしいが、これも人数が増えたので二日となったとある。一日だけの時は、鴻池新十郎宅での振舞いが昼食がわりであったと介川自身が書いている。この日も暮前に帰宅している。

介川は、屋敷へ上がって挨拶した場合は、簡単にその旨を書いている。たとえば、山下八郎右衛門の場合は、「通ル。家内残らず。仁兵衛も出盃事」と簡潔に記している。したがって、この記載がない場合は、玄関での挨拶にとどまっていることを示している。料理の数まで記している家はそう多くはない。上記にあげた家ぐらいである。

しかし、簡単にせよ、家に上がった場合は酒を振る舞われており、介川は記していないが、肴の一品ぐらいは出されたであろうから、酒・肴いずれにしても、一日がかりで相当な量を口にしている。精神的な気疲

愛読者カード　　　　　　　　ご購読　　年　　月　　日

◆本書についてのご感想。

購入書名		購入書店	

◆今後どんな本の出版をお望みですか。

購読申込書◆このハガキでご注文下されば、早く確実に小舎刊行物がご入手できます。（送料無料・後払い）

書名	定価	部数

http://www.mumyosha.co.jp　E-mail info@mumyosha.co.jp

郵便はがき

料金受取人払郵便

秋田中央局
承認

92

差出有効期間
平成31年2月
28日まで

010-8790

414

秋田市広面字川崎一一二ー一

（受取人）

無明舎出版 行

I D		氏名		年齢	歳
住所	郵便番号（ ）				
電話		FAX			

れも大変なものであったろう。しかし、何事も、この正月の儀礼から始まるのである。

とくに初日、館入でもない辰巳屋久左衛門を訪問していることは注目される。介川は、「是迄参らず候へども、旧冬文通等いたし居候ニ付参候所、通候様取次之もの申ニ付通候」（これまでは訪問しなかったが、昨年の冬より手紙のやりとりをしているので足を運んだところ、取次の者が中へ入るよう勧めてくれたのでそうした）と記しているから、当初は玄関先での挨拶にとどめるつもりだったようである。辰巳屋は、天明三年の段階で幕府が公認していた融通貸付組合（一一軒）の一人であり、しばしば幕府から御用金賦課の対象とされた豪商であった。のち、介川の懇願を入れて秋田藩の館入となるが、前に書いたように、天保飢饉時に、加嶋屋とともに多額の調達金を提供し、秋田藩の窮地を救うのに一役かっている。介川が同家と距離を縮めようとしたのは、秋田藩にとっては正しい判断であったと言ってよい。

以上のように、前回に続いて毎日酒席ばかりをめぐっている様子を紹介することになってしまったが、人を見る目と、そこから情報を引き出す能力が、大坂留守居役には要求されたのである。

政策はどのようにして決定されたか

先に、学館のはたした役割を述べたところで、そこで育成された「改革派官僚」たちは、議論をし、自ら政策を立案して政治の中枢に関わる能力を有した者たちである、というようなことを書いた。ところが、実際にはどのようにして一つの政策が決定され、具体的に実施される運びになるかということはなかなか明らかにできない。つまり、右に述べたことは、人材育成で頭角を現してくる下級官僚たちの動きのなかから私が感じ取ったことであり、かならずしもしっかりと論証されたものではない。というよりも、弁解じみた言い方になるが、その過程を明示してくれる史料がなく、なかなか実証しにくい問題だというほうがあたっている。そこで、ここではこの問題について考えてみたい。とはいっても、史料が限られていることもあって、とりあげるのはやはり近世後期のものとなることをあらかじめお断りしておく。

大名の政治機構は、基本的に幕府のそれをミニチュア化した構造的な特徴を持っている。武士本来の軍事機能を担う番方《ばんかた》、財政や一般的政務を担当する役方《やくかた》、当主の側回りのことを扱う側方《そばかた》の三つが基本的な柱で、その上に家老が数人置かれる。近世当初は番方の役割が重要であったが、時代が安定するにしたがって、事務方である役方の役割が大切になってくる。秋田藩では、この役方のことを表方《おもてかた》と言った。

高校の教科書などでは、幕府の政治は老中の合議制で行われたかのようなことが書かれているので、大名の場合もそれと同様に思いがちであるが、かならずしもそうとは言い切れない。たとえば秋田の場合、元禄時代の家老岡本元朝の日記（『岡本元朝日記』。県公文書館刊行）を読んでいても、家老が一堂に会する会議という場面はいっさい出てこない。そして、この傾向は近世後期の諸史料を見ても同様である。家老の人数はその時によって若干の動きがあるが、政務取扱い責任者は月ごとの持ち回りで、その担当家老を「御用番」と呼び、必要があって諸役人が家老に報告する場合、まずこの「御用番」に報告する。ただし、そのほかの家老が報告を受ける場面にいないわけではなく、彼らは「御列席」と称されている。たとえば、その場に三人の家老がいたとすると、「御用番○○殿、御列席□□殿・△△殿」というように表記される。

表方は、主に、評定方《ひょうじょうかた》・勘定方・郡方《こおりかた》などであり、それぞれ複数の奉行が置かれ、さらにその下に多数の属役が置かれた（勘定方吟味役・郡方吟味役など）。町奉行も表方である。評定方や勘定方には副役《そえやく》という補佐役が付けられていた。それぞれ重要な政務を担当する部署だが、さまざまな日記を見ていても、彼らが一堂に会して政策的な議論をしているという場面も、じつはほとんど出会うことがない。唯一の例外といってよいのは、天保五年の北浦一揆に際しての対応をどうするかという際の議論の場面である。これは、当時学館祭酒であり、評定方上席であった野上国佐の「御評定所御用留書」にたいへん詳しく出てくる。この時は、家老たちを前にして、評定奉行席にあった野上国佐、町奉行橋本五郎左衛門、郡奉行江間郡兵衛などがそれぞれの意見を開陳して、早急な対応を家老たちに迫っている。

このことについては、拙文に詳しく述べたことがあるのでそちらに譲るが、しかしこうしたことはかなり特異な例外であった。実際の政策は、表方のそれぞれの部署で審議・立案され、それが家老に具申され、了承されれば実施に移されたのである。ただし、こうした傾向は、義和のいわゆる藩校を通しての「人材育成」以前には見られない。このことは、明和―安永期（一七六四―一七八〇）に本方《もとかた》奉行を務めた石井忠運の日記（『石井忠運日記』）を見ると明らかである。本方奉行は財務を担当する重要な役職であり、当時の藩政を知る上では好個の史料ではあるものの、そこで見えるのは、上からの指示を忠実に執行していこうとする能吏の姿である。ところが、義和の人材育成の中から頭角を現してくる下級官僚たちの日記を読んでいくと、これとは違った側面が見えてくる。

次に、「介川東馬日記」文政十一年（一八二八）の記事から、土崎湊の廻船問屋と小宿《こやど》の支配を、町奉行支配から勘定方支配へ移すことについての審議の経過を通して、この問題を考えてみたい。同年三月十五日、土崎湊の問屋・小宿の支配を町奉行支配から勘定方支配へ、また能代湊の問屋・小宿を能代奉行支配から勘定方支配に移す案が、勘定方より家老へ提出された。この部分について「日記」は、「同役易右衛門・治兵衛・丹下へ相談に及び候所、一同至極同意ニ付、此間拙者・易右衛門揃い候て斎殿へ内々申上候所尤之筋ニ仰聞《おおせきけ》られ今日向々へ仰渡されの趣」とある。文中の「拙者」は介川東馬、「易右衛門」は金易右衛門、「治兵衛」は冨田治兵衛、「丹下」は松本丹下で、いずれも勘定奉行である。また、「斎殿」とは、家老の疋田定綱である。つまり、この策案は、勘定奉行の中で審議・立案されて月番家老に提出され、その同意を得て執行に移されたということになる。

ところが、二十一日になってこれまでその支配担当とされてきた町奉行から、これに反対する意見が出される。ここでは、この政策の内容に多くの紙面を割くわけにいかないので、町奉行の主張の要点のみ書いておくと、以下のようになる。

①古くから船問屋の支配は町奉行一手のもとにある。その営業内容から財務担当の支配でもあると考える者もいるが、それはまったくの間違いである。

②問屋たちは御定めのとおり役銀を治めている。

③湊町は全体が船の出入によって生活が維持されているところであり、問屋と小宿を支配からはずされては一郷が立ち行かない。

④同じく、法・制度の執行、切支丹改め、五人組など、政治全体に支障をきたす。

⑤難船等の変事への対応や、入国する旅人の宗門管理などの取り扱いに支障をきたす。
⑥土崎の町全体が町奉行支配であり、それには沖方も含まれる。

まだ、何点かあるが、このくらいにとどめておく。この反論は、月番家老に書面で提出されている。翌二十二日、勘定方を代表して、介川は詳細に反論を加え、その書面を月番家老に提出した。論は、各条ごとになされているが、要は、入船による物資の出入りは、藩財政に関わる重要事項であるから、それに関係する業務をしている問屋と小宿を勘定奉行の管轄下に置くというのは合理的な考え方である。土地全体は町奉行が支配しているのだから、その住民である問屋・小宿に抜けられると町行政ができないというのは、形式にとらわれすぎた考え方である、といったところである。家老は、これを町奉行に通達した。

これに対して、二十六日に、再度町奉行からの反論が寄せられた。この部分は「日記」では、「町奉行両人、此間拙者とも申上候訳をもって御演説ニて仰せ含められ候所、今日又々書載を以申上候ニつき、右近殿拙者へ御渡、尚申合《もうしあい》申聞《もうしきけ》候様《よう》仰られ候」とある。町奉行両人というのは、橋本五郎左衛門と片岡庫之助である。橋本は『八丁夜話』の著述で知られている人物である。「右近殿」とは、家老の小鷹狩《こたがり》右近（政尹）である。つまり、町奉行からの再度の反論を書面で渡すから、勘定方でもう一度審議し、これについての見解を聞かせてくれというのである。

二十七日、まず金易右衛門が介川の自宅を訪れ、自分の意見を伝えている。金は、この頃養蚕方の担当で、その所用で廻在が予定されていたため、あらかじめ相談したのであろう。「町奉行の異論に対する意見としては、介川の書いた書面に同意する」と記されている。

翌二十八日、休日であったが、介川・冨田・松本の三名は登城している。そして、二十九日、「町奉行申上候趣ニ向申合の趣書取」を御用番家老小鷹狩右近に提出した。ここでは数丁分におよんで町奉行への反論を展開しているが、それについては他の機会に譲りたい。三月晦日の部分には、「拙者・易右衛門・治兵衛・丹下揃候て御用番右近殿、御列席源一郎殿へ昨日さし上置候町奉行書面ニ向申合書取の趣ニつき、尚具サ申上候所、尤の筋に仰聞られ候」とある。要するに、家老たちは、勘定方の意見をもっともの事として受け入れたのである。

ところが、これをうけた町奉行は、あまりに内容が長いので書面で渡してほしいと言い出した。勘定方から家老へは書取で渡してあると書いているから、右近は口頭で勘定方の意を伝えたのであろう。これに対して、勘定奉行四人はそろって家老の前に出、「書面にして出せないわけではないが、一々向こうの条文ごとに反論を書いていてはあまりに煩雑で意味がない。要旨で十分」と答えている。

月がかわって四月二日、町奉行からの返事は、「いつれ重き事に候あいだ、御受の事ハ一両日扣くれ候様《よう》」というものであった。四日、町奉行の三度目の書面が、家老右近を通して介川に渡される。内容はそれまでとほとんど変わるところのないものであった。

六日、右近に面会した勘定方一同は、内容は全く変わりなく、これ以上やりとりしても際限のないことであるから、評定方において審議してほしいと申し出ている。

十一日になって、右近から、評定方で審議されようが納得できないことはできないという町奉行の意志が伝えられた。右近は、もう一度申し含めてはみるが、もしそれで了承しないようであれば、こちらの結論に従わせるしかないと介川に伝えている。

四月十四日、町奉行らに対し、そのほうたちの意見は取り上げられない旨を右近が伝えたところ、町奉行両名は、遠慮の意志を示すと同時に勘定方からの意見に対してはあくまでも反対の姿勢を貫こうとした。そして十六日には評定奉行にこの問題の審議を委ねている。

十八日、評定奉行坂本矢柄《やがら》と小貫九兵衛からの要請で、両名と面会。評定奉行は、右近殿から町奉行に申し諭すよう命じられたが、その前に問題点の細部について情報を得ておきたいからと質問を受ける。二十日、

「町奉行弐人へ御評定かた皆立合、諭候へとも何ともそのかたニ従いかね候段申候よし」と、介川の日記にはある。

この後もいろいろやりとりがあったようだが、さらに月があらたまって五月十四日、ようやく町奉行から今回の案を了承する旨の意志が示された。そして、五月二十七日、湊問屋・小宿に対して、勘定方支配に変更する旨の触れが通達されている。

さて、この問題が最初に日記に出てくるのは三月十五日である。そして最終的に湊町問屋に通達されるのが五月二十七日である。緊急性のない事案であったこともあるだろうが、二か月以上かかっている。この原因は、これまで見てきたように町奉行の不同意である。しかし同時に、家老たちが適当な段階で結論を出さず、町奉行と勘定奉行の間を調停役のように動いていることも大きな要因である。さらに、評定奉行に審議を委ねられるのは十分すぎるほど時間が経ってからである。現代の感覚で考えれば、家老を含めて、勘定方・町奉行・評定方が何度か会議を設ければ済むような話である。しかし、藩はそれをしていないし、この法案を通そうとする勘定奉行たちも強引な方法をとっていない。

おそらく、現代でいうような合同会議のようなものは、よほどの緊急性や法案に重要性がなければ原則として行わないのであろう。ただし、結論をみるまでの時間の長さはたしかに異常であった。江戸への参府途中で、事の様子を伝える介川の書簡を受け取った家老の疋田斎は、「抑何事も御改とこれあり候へハ他事これなき事ニて、その義迷惑ニ存候ものハ御役義さし上候のみの事ニ御座候」と所感を伝えている。つまるところ、今回の事は、これに反対する町奉行の執拗さにあったと言ってよい。

問題をもとにもどそう。当時、法案（新しい申渡し）がどのように決定されていったかを確認したかったのである。この一つの事例をもって全体を語るわけにはいかないが、今でいう〝定例会議〟のようなものはなく、まず、表方の一部署で審議・立案されたものが家老に提出され、関連する部署があった時、家老から諮問され意見が出されて調整される、ということであろう。これは、養蚕方の存続をめぐって意見が対立したときも同様であった。

ただし、表方全体で審議される場合ももちろんあった。それは、藩政にとって重要と判断された「被仰渡」の内容を決定するような場合である。われわれは、活字で史料集などに収録された法令を読むと、ともするとすべての法度が同程度の重さを持つものと考えがちであるが、当時にあってはかならずしもそうではなかった。

たとえば、「御条目《ごじょうもく》」という形式で出される「被仰渡」は、藩主の意思を表明した「御条目」、それを奉ずる形で家老たちがさらに詳しく通達した「執達《しったつ》」、そして法令の具体的内容を記した「別紙」の三通の文書から構成され、広間で藩主臨席（在国の場合）で発布された。これに対して、先の例であげた湊問屋への法度は、対象を限定した一つの通達にすぎない。現在のわれわれからすると十分重要な内容と見えるが、当時の法令の区分としては「御条目」などよりもはるかに下位の法令なのである。そして、上位―すなわち当時において重要と考えられた―法令の場合は、表方の「惣評」にかけられる場合もあったのである。

その例としては、文政十一年に藩内で検討された、家中の衣服に関する制度―その簡素化をめぐる―問題をあげることができる。このとき藩は、家中全体が華美になっていることを問題視し、家臣団とその家族の衣服や生活ぶりについて細かく規制する法の検討を行ったが、その内容の細部をつめるにあたって、表方全体での「惣評」が行われている。

一月二十八日の条に、「九ツ時頃より衣服の制仰せ含めらるの義一片惣評いたし候」とあって、そのメンバーとして、介川東馬・金易右衛門・冨田治兵衛・松本丹下・蓮沼仲・益田治右衛門・国安又左衛門・江間郡兵衛・坂本矢柄・諸橋吉兵衛・片岡庫之助・橋本五郎左衛門・関口半八・小貫九兵衛・豊田平五郎・江橋甚四郎・小田内助右衛門・清水新六郎・信太慶兵衛の、十九名の名があがっている。介川から松本までの四人は勘定奉行、蓮沼から江間までの四名が郡奉行、坂本と諸橋は評定奉行、片岡と橋本が町奉行、関口以下七名は、評定方と勘定方の副役である。つまり、ここでは表方全体が「一片《ひとかた》」と表現されていることがわかる。この審議の結果は、「品々申合入組夜四ツ頃ニ及、未済」とある。

このように、表方の全体的な評議も見られるのだが、全体的には、先の湊問屋への通達の事例のように主担当の部署が審議して家老にその結果を上申するかたちで進められたのである。ただ、面白いのは、部署同士の話合いでも結論が出ず、案が「両様」となった場合、そのまま家老から藩主に伝えられると「両様」ではダメであるから結論が出るまで審議せよと、藩主の意思が伝えられているケースが見られることである。これは一〇代藩主の義厚の例であるが、養蚕のあり方をめぐって金易右衛門と介川の論が対立したとき、このようなことが起こっている。これは、制度的なあり方というよりも、藩主個人の嗜好によるところが大きいのだろうと思われる。

郡奉行の設置

佐竹義和の政治改革のもう一つの特徴は、農政の刷新である。農政というよりも、農村支配の仕組みそのものを抜本的に改革しようとしたと言ったほうがよいかもしれない。寛政七年（一七九五）の郡奉行《こおりぶぎょう》設置に始まる改革がそれである。

私は、この郡奉行の設置によって作り上げられた農村支配の仕組みを「郡方《こおりかた》支配」と呼ぶことにした。要点は、郡奉行の下に郡方吟味役・郡方見廻役などの郡方役人が配置され、一郡に一〜二か所に置かれた役屋に常時詰める体制がとられたこと、それまでの親郷《おやごう》—寄郷《よりごう》の制度を、この郡方役人の役屋定番制に機能的に結びつけたこと、在方商人《ざいかたしょうにん》を郡方蔵元《こおりかたくらもと》として取り込み、その経済力を郡方御備として公的に機能させたことなど、こうした新たにつくりだされた要素を総合して郡方支配と呼んだのである。

ここでは、郡奉行の設置を中心に述べてみたい。郡奉行については、すでに他の機会にふれたかもしれないが、従来、地方知行制を形骸化するために設置されたものとされてきた。そうではない、というのが私の考え方である。七割以上の給人知行をやめ、すべて蔵米支給にすることは藩の経済事情からみて非現実的である。それでも上記のように郡奉行が評価されてきたのは、その設置を領内に通達した法令の中で、「郡村に関わることはすべて郡奉行の支配とするので、所預の支配所であっても、以来高持ちの者（すなわち農民—注金森）はすべて郡奉行の支配に属するものとする」という一文があるためである（『秋田藩町触集・中』）。

この解釈については、これまで何度も書いてきたのであらためて述べることはしない。ただ、この郡奉行の設置が、最初は代官制度の改革として行われたことは案外知られていない。

県庁の地下書庫に長く保存され、現在県公文書館の所蔵となっている「御用留書」という史料には、郡奉行設置に対する代官の不安・疑問が述べられた口上書が載っている。この史料は、寛政七年から同十一年までに発令された、郡奉行設置にかかわる諸法度を収録したもので、郡奉行という役職を知る上で欠かせない基本史料である。全部で七〇項目からなるが、代官の口上書はその一部分である。

郡奉行設置の段階では、実質的に農民の支配にあたっていたのは代官であった。したがって、代官から見れば、郡奉行の設置という改革は、自分たちの上に新しい中間管理職が置かれるということである。当然、自分たちの職務はどうなるのか、という疑問が生じたであろう。当時二二名の代官が領内に置かれていたが、彼らは今後の自分たちの職務や郡奉行との関係について、一〇項目からなる質問書を藩に提出している。その細部については、拙著（金森、二〇一二）を参照してもらいたいが、たとえば、郡奉行は一郡単位で支配権を持つのに対して、代官の支配管轄は「扱《あつかい》」と称され、郡よりも範囲が狭かった。郡奉行の支配下に属するということは、これまでの「扱」という自分たちの管轄が相対化されることである。要点のみ言えば、代官たちは、郡奉行の設置によって従来の自分たちの支配権限に重大な変更が生ずることに（あるいは既得権益を否定されることに）、強い危機感を抱いたのである。この点について、代官たちは新たに自分たちの疑問を込めた上申書を藩に提出している。

このような動きに対して、藩は、代官二二名全員をいったん更迭し、その日のうちに新たに同人数の代官を任命した。代官からの上申書が呈出されたのが十月二日、代官の更迭が同七日である。実際に更迭されたのは八名で、一四名は継続勤務となったのであるが、あえて全員をいったん解任する措置をとったことは重要である。そして、寛政十年二月には、代官にかわって郡方吟味役が置かれることになる。ここにおいて、郡奉行の設置に対して抵抗的な姿勢を示した代官はなくなり、郡奉行に忠実な下級官僚としての郡方役人が誕生することになる。

このように、郡奉行の設置を、代官制度の改革という視点でとらえ直してみると、松平定信《まつだいらさだのぶ》によって断行された、幕府代官制度の抜本的改革を想起させる。定信は、代官による恣意的《しいてき》な農民支配をなくすために、幕領の代官を、自分の眼鏡にかなう人物と入れ替えた。その結果、名代官といわれる人物が多数生まれたといわれる。「寛政の三博士」の一人として著名な岡田寒泉《おかだかんせん》は、その退任時に農民の側から留任運動が起きたということで知られている。私は、秋田藩の郡奉行の設置は、こうした幕府の農政に学びつつ、それに藩なりのオリジナリティを加えた政策であったと考える。

郡奉行の藩政機構における特質を見てみよう。設置時に就任した六名中、五名が諸士であり、唯一廻座《まわりざ》格であった岡谷兵馬《おかやひょうま》も、禄高は九四石とそれほど高くはない。代官経験者が三名いる。しかし、特筆すべきなのは、全員が評定奉行《ひょうじょうぶぎょう》との兼務とされたことである。評定奉行は、寛政元年に新設された役職で、行政担当職の中核としての役割を担った。義和の寛政改革を象徴するものという意味では、藩校の設置と同様である。そのような意義と役割を持つ評定奉行を兼務するものとして郡奉行が設置されたことは無視できない。つまり、これまで代官の裁量に一任されていた農政業務を、行政の中核である評定奉行のもとに集約し、中央行政の強力な指導のもとに置こうとしたものであったと考えられるのである。

なお、郡奉行の一人である諸橋文太夫《もろはしぶんだゆう》は、角館の組下給人である石井家から久保田給人の諸橋家に養子として入り、同家を継いだ人物である。それ以前には、米沢藩で活躍した儒者、細井平洲《ほそいへいしゅう》に師事していたこともあった。諸橋は、その細井平洲から、米沢藩の学政や上杉治憲《はるのり》（鷹山）の名君ぶりを伝える手紙を受け取ったりしている（小関、二〇一一）。そう考えれば、秋田藩の郡奉行による農政の実態も、外からの情報を生かしたうえで運営されていったものと理解するのが適切だろうと思う。

郡方吟味役はどうだろうか。文政年間に郡方見廻役・同吟味役として勤務した湊曽兵衛《みなとそうべえ》の日記に出てくる範囲でその禄高を調べてみると、岡田清蔵《おかだせいぞう》が八八石ともっとも高く、跡部惣兵衛《あとべそうべえ》などは銀七〇目三人扶持である。平均的には五〇石前後であり、郡奉行のそれをやや下回る程度である。やはり実務的下級官僚の集団と言えるだろう。

郡方見廻役については「御用留書」にその設置を伝える法度は出てこない。しかし、国文学研究資料館（東京都立川市）が所蔵する中田家文書のなかの「秋藩分限帳」（『県史』資料編上）に、これを寛政九年の創設とする記載があるので、郡方吟味役とほぼ同時期の設置と考えてよさそうである。役職上は、吟味役が上司にあたるが、その職務内容や禄高には大きな違いはない。この、郡方吟味役と同見廻役が交替で常時在方に置かれた役屋に在番する体制がとられたのである。

また、郡方蔵元であるが、これについては、湊曽兵衛の日記の中に、雄勝郡については数名その名が出てくる。石川平兵衛（岩崎村）・内藤久兵衛（増田村）・藤屋多三郎（西馬音内前郷村）・小川長右衛門（湯沢町）・藤木平兵衛・近間又吉らである。四名については所在と性格もはっきりしているので、この六名は、在方商人と考えてよい。彼らは、もともと農村を拠点として多くの農民に対して金銭の貸与を行っていた。この彼らが、村に対して発給した「郡方御備米御物成受取証文」とよぶべき史料が多数存在している。その場合、発給者である彼らの肩書は「御蔵本」である。つまり、藩の正式な役職として発給している。そして、先の六名は、その御備銭の管理をまかされた者たちでもあった。秋田の近世史研究に大きな足跡を残された柴田《しばた》次雄《つぎお》氏が紹介された史料に、角館の在方商人小林治右衛門の口上書があるが、そのなかに次のような一文がある（柴田、一九七六）。

> 親の治右衛門の代から郡方御蔵元の御用を仰せつかり、御威光をもって今年迄勤めてまいりました。

仙北郡奥北浦の川原村・山谷川崎村・小勝田村などで、百姓一八人に銭一〇〇〇貫文ほど貸付け、その田地の世話を引き受けております。年々その田地から米五一〇俵ずつ作徳米として受け取っておりますが、その出米を、今年からむこう十五年間、御役屋の御備米として献上したいと思います。

ここでわかるように、彼らの金融活動と郡方御蔵元という地位は不可分に結びついている。つまり、藩は、もともと私的に行われていた在方商人の金融活動を、彼らを郡方御蔵元という藩農政の一翼を担う役職に組み込むことで、その金融活動をも公的なものにしたのである。言いかえると、郡方御備からの支出は、表向きは公的なものであるが、それを支える蔵元らの経済力は私的な部分によっており、藩はそれを利用したということである。このような要素を含めて、私は「郡方支配」という概念で理解しようとした。彼らの経済力は、新たな農政を進めていくうえで、欠かすことのできない力となったのである。

農民の撫育

郡方支配下における農村政策の実態については、湊曽兵衛《みなとそうべえ》という人物が書き残した勤中日記を読み込むことによって、かなりのことがわかる。

湊曽兵衛は、文政七年（一八二四）から郡方見廻役、同吟味役を勤め、天保五（一八三四）年には郡奉行に就任している。郡奉行時代にもその勤中日記を残しているが、農村政策の特徴をより具体的に知るうえでは、実際に農村に在番し、農民と直接交渉する機会が多かった見廻役・吟味役時代の日記の方が、その実情をよく伝えてくれる（いずれも県公文書館に寄託されている）。彼の残した日記を見ていくと、まず印象に残るのは、いかにして農村の疲弊を防ぎ、農民をあるべき姿のものとして生活させていくのかということに、大きな関心をよせていることである。

一つには、「御撫育料《ごぶいくりょう》」の支給がある。文政七年十二月の記事であるが、「御撫育料」の拝領について、「定式のお手当は、銭二貫文に米九斗を一人につき与える」と出てくる。これは、御撫育を受けることが決まった農民についての初年度の規定で、次年度が米六斗、三年目が米三斗と、三年間の支給が認められた。この間、農民としての生活基盤を立て直す機会としたことがわかる。もちろんこれは、農民全員に対して行われたものではなく、経済的な困窮が絶対条件であるが、捨子の養育や出産・育児に対しても優先的に実施された。

雄勝郡川連村肝煎であった関喜内の日記の、文化元年二月の部分には、「六郡の村々は年を追うごとに逼迫し、水呑百姓や経済力の弱い百姓、または村内の貧困の農民の夫婦などには、生まれた子供の養育ができず、捨てたり間引きしたりすることがあると聞く。このように天道に反し、人情を失った行為をせざるを得ない事態を気の毒に思われ（藩主が―注金森）、このたび格別の思いをもって、そのための御撫育料を設定し、御慈愛の趣旨を広めるつもりである」という通達が出されたことが記載されている。経済的困窮はもちろんであるが、子捨てや間引きなどの行為がなされていること、そこには出産した子供を育てていけないという農民の実状があることを、藩が認識していることがわかる。これとならんで、郡方役人の機動力を用いて領内の妊婦と出産の実態の調査も行っている。文政七年の雄勝郡の事例では次のようにある。

惣妊婦合一三六一人

内　　五八一人出生

内　　三四四人男

同　　二六七人女

同　　二五五人、病死・半産死

残　　五二五人、いまだ出産の届なし

「半産」とは流産である。現代の視点からみれば厳しい出生率と言えよう。しかも約半数が「届なし」とあるから、子捨て・間引きなどのケースが多数含まれている可能性がある。郡方役人たちは、単に調査結果をまとめるだけでなく、出産の実態を調査し、その後の動静の把握に努めている。村に対して、村内に懐妊した女性がいた場合はそのことの報告を義務づけ、その届けがなく死産などの情報があった場合は、郡方役人が自ら現地に足を運び、関係者の報告書のほかに、医師による遺体検分書まで提出させている。

病気の流行にも気を配っている。疫病などが流行すれば、農村部や在町に居を置いている医師を動員してその治療にあたらせ、また藩のお抱え医師が調合した薬を、役人を通して村々の肝煎や長百姓に与え、施薬させている。文政十年には、疱瘡の流行がみられ、平鹿郡だけでも七二〇〇人を超える農民が罹患している。この時には、岩崎村在住の元慎《げんしん》という民間の医師を特別に御用掛として任用し、治療にあたらせている。この際、「人参二〇両を渡すので、これまでお役屋に備えていた分は横堀村の肝煎に渡し、困窮の農民たちで困っている者に与え、その名前を記録しておくように」と指示している。この場合の「両」とは、重さを示す単位で、三〇両は、一一二五グラムほどの量である。

ちなみに、秋田藩が医学方附属の御薬園を設置したのは文政三年であるから、かならずしも早いとはいえない。この時藩は、江戸や大坂から数百種類の薬草を取り寄せてその栽培を試み、六郡全体でもその土地の具合を考えてその栽培を広く勧めたという。また多くの医師たちが、平素目にすることも用いることもない中国産の薬草にも慣れさせ、施薬治療できるようにという思いもあった。要は、「諸民の病苦御救いなしおかれたく、随って田畑不足の沢々窮民の御救いのため」であるという。さらには、領内で自生した薬草を藩が買い上げ、上方に送り、「唐薬」と引き替え、これを用いることができるようにということも言っている（県公文書館「御学館日記抜書」・「多奈部養仙聞書」）。領内での朝鮮人参の栽培は順調であったらしく、天保三年の記録によると、五〇七斤（およそ三〇四キログラム）を大坂に送り、残りを領内での「御払い用」としている。この内三一八斤は、角館で栽培されたものであった（同「御薬園方備忘」）。

また、このほか藩がその栽培に意をはらったのは、甘草《かんぞう》である。甘草は、漢方では、咳や腹痛・胃潰瘍などに用いられた。文政年間、薬園方の役人は、六郡の地勢を調査し、栽培の意思のある武士や農民に対して、指導を加えたうえでその苗を貸与して、栽培の活性化を図っている。文政十年を例にとれば、神宮寺村藤井宇佐右衛門に一〇〇本（四月一日）、八沢木守屋氏に三〇本（四月四日）、六郷村久米利三郎に五〇本（四月六日）、横沢村肝煎に三〇本（四月七日）、西明寺村農民たちに六五本（四月十一日）、といったような具合である。そして、時期をずらして、貸与した甘草の育成具合を確認し、思わしくない場合は「地方あい合わず候よう相見え候ゆえ、以来相渡し候事相ならず」というように、その貸与をうち切ったりしている。これも指導の一環だったのであろう。

以上のように、藩が領民の健康に意をはらったのは、現在の私たちの感覚からすればそれほど不思議なこととも思えないが、江戸時代に関する限り、領主と領民との間には重要な認識の共有があったことを前提としなければならない。それは、「仁政《じんせい》」という理念、考え方の存在である。学館の祭酒であった野上国佐が、藩主義厚に語った為政者のあるべき姿を思い出してほしい。為政者には、つねに領民を守らなければならない務めがある。何から守らなければならないかといえば、それは、貧困・飢え・病などからであり、守るべきものは最終的には命である。その役割を持ってこの世に生を受けたのが君主であり、それを現実に執行するのが、君主の逃れられない義務であった。この、領民に対して君主のなすべき政治が「仁政」である。

近世史研究者として多くの実績をもつ深谷克巳氏は、この「仁政」という理念を、領主と民衆の双方で共有される「合意」（社会的約定）であるとしている（深谷克巳、二〇〇九）。また、より具体的にいえば、「水利土木から困窮者のための助成米金にいたるまで、さまざまな社会的・公共的職務遂行、福祉行政を内容とするもの」とする理解もある（水林彪、一九八七）。

このような理解を前提とすれば、全国各地におこる百姓一揆における農民側の理念も、容易に理解することができる。要は、自分たちを支配している為政者が、「仁政」を執行しているか否かが評価の分岐点となる。秋田藩の郡方支配が、まず、農民の生命の保全という側面に大きな関心をよせたのは、封建国家において支配的立ち位置にある者としては当然の対応だったのである。

郡方支配がめざした「農民成立」

農民撫育《ぶいく》の本来の目的は、農民を、本来あるべき姿として存在させ、農耕にいそしむ環境を作り出していくところにある。これを「農民成立《のうみんなりたち》」という。

雄勝郡川連村《かわつらむら》肝煎関喜内が、領内で養蚕の取り立てをめざしたのも、藩の利益をあげることよりも、農民が農民として生活していくための余業として定着させることを目的としていた（ただし、喜内と協力関係にあった金易右衛門は、あきらかに藩の国益を考えていた）。農民が、貧困のために零落していき、欠落《かけおち》などが増えることは、結果として農村を疲弊させ、それがまた農民の没落を招く。郡方吟味役・見廻役などの郡方役人は、その「農民成立」の実現をはかったのである。湊曽兵衛の勤中日記から、いくつか例をあげてみよう。

文政十一年（一八二八）三月、郡方吟味役であった湊曽兵衛は、横堀村寄郷《よりごう》の寺沢村（雄勝郡）を訪れていた。寺沢村は、家数四五軒、村高も当高三八八石余と、秋田藩としては小さな村であった。しかも当時は、田畑や山林など生産に関わる土地はすべて永代地として財産のある農民の手に渡り、村自体が「退村」に直面するという状態にあった。湊が調べたところによると、それ以前からの借財が相当の額に及んでいた。そこで湊は、寺沢村の銀主（債権者）を召喚し、かなり以前からの借財分一四一〇貫文を帳消し、文政九年の借財分四七一貫文余を三十か年賦、同十年年四八〇貫文余の半分を十五か年賦、残り半分を十か年賦とした。

同じく文政十一年十月、西馬音内《にしもない》堀廻村《ほりまわりむら》についても、村政についての指導を行なっている。同村は、寛政六年の「六郡惣高村附帳」によれば、九六二石余の大村であった。しかも近世の早い段階から在町として発展してきた村でもあった。今でも同町を訪れると、町家風《まちや》の建物が通りのあちらこちらに見られる。同村の場合、先の寺沢村と同様の状態にあったわけではない。しかし、商売に関わる農民層が多いということは、それだけ貸借関係にまきこまれることが多く、農耕も手薄になりがちであるという特徴をもつ。そうした意味での借財の滞りが、堀廻村でもあった。湊の日記によると、同村は「郷借」が多いという。しかし、寺沢村のように一村全体の零落が顕著であったわけではない。

十月二十八日に同村を訪れた湊は、その日のうちに農民たちを集め、無尽《むじん》を計画させ、それで集まった金銭を銀主に支払わせるという方法をとらせた。史料によれば、「銀主共へは右をもって十ヶ一にもこれなく候へども相渡し、残切り捨ての願、なお仕入の義は相変わらずこれまでのとおり頼みおき申すべし」とある。借財分の1／10にもならないだろうが無尽で集まった金銭で支払いを済ませ、残りは切り捨てとする。しかし、仕入（必要な場合の村への貸付）はこれまでと変わらないように銀主に頼むこと、というのである。銀主からすれば、とんでもないムシのいい話である。

しかし、湊は無茶な論理を押し通そうとしているのではない。商工業にたずさわる者が多いということは、一程度富める者も存在する。湊は、その側面に目をつけた。無尽で出銭できる者は、当然余裕のある者である。無尽の執行は決して無理な計画ではない。

銀主に対する措置はどうか。実は、西馬音内堀廻村の銀主の一人は、藤屋多三郎であった。先に述べた郡方蔵元の一人である。つまり、藤屋多三郎の金融行為は、個人的な行為として行われたものであっても、彼が郡方蔵元である限り、それは公的な側面をもつ。藤屋多三郎と同村の関係については、他のところで、「（堀廻村は）藤屋多三郎から毎年資金を借用してきたが、年ごとに返済しないので自然借財が嵩んでしまっている。今回、藤屋に相談したところ、米三〇〇俵で帳消しにしてよいと内々返事をもらった」と書いている（文政十一年四月十五日）。つまり、湊は、このような藤田の立ち位置を想定して計画を立てたとみてよいだろう。ただ、湊は、堀廻村に対して寛容な対応をしているだけではない。これまで年一回であった郷勘定《ごうかんじょう》（村費の出入）の確認を、これからは毎月行うこととし、一部の村役人だけで確認することをせず、専門の受払い役を選出して出納にあたらせるよう、強く指導している。

次の事例は、所預《ところあずかり》も関係していて面白い。雄勝郡小野村、一〇〇〇石を超える大村である。文政十二年八月、佐竹南家の家臣が、小野村が抱える膨大な借財の処理を、吟味役の湊に依頼してきた。湊が、小野村農民から聞き取りをしたところ、「ここ数年（南家家臣の）簗田重四郎様にお願いして年々銀主を紹介してもらい、田畑などを引き当てにして年貢などを納めてきたが、去年までで九五四貫文余の借財となってしまった」というのである。湊は、当初型通りの説諭をするにとどめたが、南家家臣からの再度の依頼により、最終的には自ら銀主にかけあい、二六一貫文余を帳消しとし、残りを十五か年賦とすることでその場をおさめている。この時の湊の日記には、南家家臣の簗田だけではなく、「左衛門殿よりも御頼筋につき」と書いている。この「左衛門殿」は南家の当主佐竹義珍のことである。つまり、小野村の借財の件については、南家の当主からも依頼があったということである。ここに、通常言われてきたような、所預と郡方との対立などは見られない。

郡方吟味役・見廻役たちの仕事の中心は、村々の巡廻をすることで、実態を把握し、できるだけ有効な対応をすることにあった。文政八年は天候が不順で、不作が予想され、八月の段階で多くの村々から検見《けみ》願いが出されていた。そこで、藩は、郡方に命じて現地を廻り、できるだけ各村の検見願い高を取り下げさせるよう指示した。この時、見廻役であった湊は、山間部の村に対して、このまま検見を待っていては稲刈りの前に雪の季節になる危険を村人に説き、検見を辞退するかわりに助成願いを提出するようアドバイスしている。

また、他の村々でも、降雪の時期になる以前に人足を雇ってでも稲刈りを済ませるよう指導している。しかし、稲刈りが時期遅れとなる危険ありとみた湊は、途中で検見願い取下げ高の算出を諦め、久保田からの指示を待たずに、その段階で雄勝郡の村々の検見願い高を藩に提出している。つまり湊は、機械的に藩の指示を徹底させるのではなく、あくまでも農村の現実に即した対応をとったのである。また、文政十一年も莫大な検見願い高が出された年であったが、藩は、それほどの悪作ではないとみてとりあおうとしなかった。しかし現地を視察した湊は、「今年の作並は久保田で語られているのとは違い、よくない。時節柄を考えて農民たちには無理な分までも説得して取り下げさせてきたが、これ以上は不可能である」として、それ以上の毛見願いの取下げを農民に強いることをやめ、実情を郡奉行に報告している。

このように、郡方吟味役は、もっとも農民に近い立場で行政の善悪を判断できる役職であった。しかし、彼らがすべて上意を尊重する事なかれ主義の役人であれば、その立ち位置は十分には生かされなかったであろう。湊曽兵衛の事例は、多分に個人的な資質も反映しているところもあるかもしれないが、彼らは同僚と役屋で一緒になると、巡廻してきた村の実情を報告し合い、その対応の指示を郡奉行に仰いでいる。また、問題が早急な判断を必要とする場合は、上記の事例で見たように、農民の立場に立って吟味役が独自の判断を下すこともあったのである。

このように、郡方支配がめざした「農民成立《なりたち》」は、もちろん、最終的には年貢負担者である農民たちの再生産を強化するところに本質的な目的があった。しかし、そのような教条主義的な結論を持ち出してきて結論を出してしまってはみもふたもない。むしろ、領主は領主なりに、「仁政」の執行に懸命であったと考えるべきであろう。そうすることでしか、自分たちが人々を支配する側の人間であることの正当性を実証することはできないのだから。

老農関喜内のこと

関喜内《せききない》は、雄勝郡川連《かわつら》村の肝煎を務めた農民である。生きた時代は一九世紀前半、数年にわたって藩に養蚕の殖産を進言し、ついに藩を動かして、それを政策として実現に導いた人物である。もちろん、彼一人の力でなし得たわけではない。また、当初の思惑通りに事が運んだわけでもないし、彼を中心とした殖産政策は短期間で幕を閉じたとも言える。

殖産興業と言えば、九代藩主義和の施策とイメージされがちであるが、殖産政策としては、義和の代にはあまり見るべきものがない。関喜内の進言が藩によって採用されたのは、義和の死後である。ただし、彼の献策が実現するうえで大きな役割をはたしたのが、義和の人材登用で頭角をあらわした「改革派官僚」の一人、金易右衛門《こんやすえもん》という人物であったことは注目してよい。金は、勘定奉行や郡奉行を務めた能吏であり、下の意見を上層部に持ち込んで働きかける積極性を持っていた。おそらく、金と関喜内が結びついたのは、金が勘定方に勤務した時期であったと思われる。殖産政策というと、なにか国益論や経済論と結びついてしまうが、私はむしろ、政策論を持つ農民と、それを評価して実現させようと動く武士（藩の下級官僚）が行動をともにする、そのような時代性にこそ、まず注目すべきなのだと思う。

私が、関喜内を研究対象にとりあげたのは、まだ大学院生の頃であった。だから、その頃は、課題設定の在り方が短絡的であり、面白みに欠けていたとも思う。そこで、退職を目前にしてまとめ直すさい、もう少し関喜内という人物の人となりに踏み込んだ描き方をしたいと思った。もちろん、小説ではないからあくまでも史料が前提である。そこで、直接殖産策には関わらないが、喜内が肝煎を勤めていたさいに遭遇した事件において、彼がどのような行動をとったのか、という点に焦点をあてた一節を設けた。このことに少しふれてみたい。

事件がおきたのは、享和二年（一八〇二）八月である。この前年、喜内は川連村肝煎に就任し、同村の七郎右衛門と二人肝煎役であった。この七郎右衛門が、藩の不興をかって肝煎役を罷免されたのである。理由ははっきりしないが、これ以前から七郎右衛門は酒造業に手を出しており、その株の取得をめぐってトラブルが起きたようである。ただ、七郎右衛門は人望があり、村内の農民たちからはただちに留任の歎願が出されている。喜内にしても肝煎に就任したばかりであったから、心細いということもあったであろう、留任運動の先頭に立って動いたようである。

喜内はまず、親郷《おやごう》を含め、近郷四か村の肝煎に対して協力を求め、寄合を開いた。当初は他村の問題に積極的ではなかった村も喜内の説得に動かされて嘆願書を提出することとなった。ところが、このとき村役人とは別に平百姓《ひらびゃくしょう》たちからも連名で願書が出されたことが問題となったのである。

九月五日、岩崎村役屋に召喚された喜内は、その場で郡方役人たちの尋問を受けることになった。役人たちの言い分は、「小百姓たちが連印などして願書を出すようなことは天下の御法度」であり、「上を恐れざる行為」だというのである。そして、小百姓たちの意思の伝達を行ったのは誰か、寄合は誰のところで行ったのか、喜内はこれにどのように関与しているのか、を執拗に追及した。これに対する喜内の回答は次のようなものであった。

小百姓たちが連印して願書を出すように指示したことなどありません。小百姓たちが寄合を行ったことも存じませんし、そのような連絡が回っていたことも知りません。自分はその願書を長百姓たちから受け取っており、おそらく小百姓たちは、長百姓に提出したのでしょう。

この点を、長百姓《おとな》に役人が尋ねると、長百姓たちは、「おそらく小百姓たちが各組ごとにとりまとめたのだ」と回答した。これに対して役人方は、組ごとにまとめたのであれば数冊になるはずなのに願書は一冊にまとまっていて全員の印がある、お前たちが押させたのではないか、と追及した。これに対しては、「各組から申し出があったので、誰が賛成で誰が反対か、その点を書付にして提出せよと指示したら、このようになったのです」と回答している。つまり、農民側が留意しているのは、リーダーが誰かということを特定できないように説明するところにある。しかし、役人側は納得せず、一冊にまとめられている以上、寄合の場所がなければそのようなまとまり方はできないはずだとして、その点について明確な説明をするよう求めた。

これに対する農民側の回答がふるっている。村では当時「赤腹」（あかはら）が大流行したため、病の流行を鎮めるための祈祷を八幡神社で行ったが、そこで自然に七郎右衛門の退役の話となって、誰からともなく今回の歎願の話になったのだ、というのである。中世以来、「一味神水」（いちみしんすい）といって、農民が意志を統一する際には、神仏を前にして誓いを立てることが多かった。だから、八幡神社で寄合を行ったなどということになればただではすまないが、「赤腹」（赤痢）が流行したので、それを鎮めるための集合だとなれば、何とも言いようがない。それでも役人は、押印をどのようにして集めたのか、あるいは願書の文は誰が書いたのかなどと追及したが、農民たちは、「誰という事もなく集まり、できあがった」などと、人を食ったような説明をしている。最後は、役人たちも呆れ果てて、「皆嘘ばかり話している」と言いながらも、喜内たちの帰村を許した。

喜内はと言えば、上意に背いてまで七郎右衛門の留任運動を起こしたことについて責められると、次のように説明している。

たしかに上意ではありますが、七郎右衛門の酒造開始は四年前のこと。それ以来何の御沙汰もなく現在に至っているのですから、もはや何の問題もないものと了解しておりました。このたび、お上の文面を拝見して、初めてまだその一件に決着がついていないことを知った次第です。

物言いは丁寧であるが、四年もたってから当時の問題をむしかえされるなど、考えてもおりませんでしたという内容で、暗に役人側に嫌味を言っているようにも受け取られる。小百姓たちの歎願の作成過程にしても、その説明のありようにしても、当時一人肝煎であった喜内がまったく様子を知らなかったということはあり得ず、「赤腹」沈静化の祈願の説明など、かなり周到な根回しの様子も感じられる。もしそうだとすれば、喜内は、郡方吟味役たちからみれば、かなりしたたかな農民であったと言えよう。そうした側面があったからこそ、藩の下級役人とともに、養蚕振興の青写真を作成してみせたりできたのである。

浄因の思想と『羽陽秋北水土録』

平鹿郡浅舞村浄土真宗の寺院、玄福寺の住職であった浄因が著した『羽《う》陽《よう》秋《しゅう》北《ほく》水《すい》土《ど》録《ろく》』（以下『水土録』と略す）は、一八世紀後半における秋田藩社会の変質をふまえて、藩に対して政治のあり方を進言した献策の書である。その論調は、論理的であるが、ペダンティックな言い回しにやや辟易する。また、社会の問題点を指摘し、その解決方法のさわりを説いておきながら、肝心なところになると「秘伝あるなり」という語句でかわされて、肩透かしをくわされたりする。しかし、それでもこの書が歴史資料として一定の価値を持つのは、浄因が生きた時代の社会問題のありようが随所に具体的に出てくるからである。また、彼の論理展開が、彼の意図を超えて時代の特質を反映しているからでもある。

たとえば、後者の例を一つあげると、彼は、「諸産を摯り立て国家の益を作さんと思議する者侭有るが故に、是を註進すと云うとも許容したまふべからざるなり」というぐあいに殖産興業を否定するのだが、逆に言えば、当時そのような論が一定の影響力を持っており、藩政にもその波を及ぼしかねない状況にあったということを物語っている。また、農民を指導して新田開発を行ったという実績が示すように、農民の生活や農政のあり方についてもたくさんの論及があって、時代の状況を理解するのに役立つ。そのような観点から、本書を読み直してみたい。まず、浄因が、当時の秋田の農村状況をどのように把握していたかを見てみよう（原史料は片仮名書きであるが、平仮名に直して表記する）。

当領にて卯の凶年以来井地多く廃田と成りしことは、凶年にて廃田と成りたるには非ず。数十年来郷田と成り、其が根となり半荒れの地なるが故に、卯の凶年以来廃田と成りたるものなり。

「卯の凶年」とは、いわゆる天明の飢饉（天明三年、一七八三年）のことである。つまり、彼が言いたいのは、天明飢饉以来廃田が増加したことの根本的な原因は、それ以前に郷田、すなわち耕作者がいなくなって村で預かって耕作する土地が増えたことにあるとみているのである。その論があたっているかどうかはさておき、少なくとも天明三年が廃田増加の画期であったことを知ることができる。多くの人間がそのように認識していなければ、この論自体が説得力を持たないのであるから、浄因がそのことを前提として論理の出発点としている以上、それが一般的な了解事項であったということである。また、彼は、こうも言っている。

宝暦五乙亥の年まで、六十一年の間少々不熟の年も有りと雖も国家の害と成る程のこともなく、豊年相続き、民穏かなれば、六十一年の間には元禄の凶年に会たる者は皆死し、偶存したる老翁有りて、壮若の者に元禄年中の飢饉の事を語り知らせて、糧を貯る術を教ゆると雖も、壮若の者はその飢饉を見ざることなればかつて信ぜざるなり。

元禄六年（一六九三）の凶作以来、多少の作柄のでき不出来はあってもまずは穏やかな年が続いてきて、その凶作を経験した者がまれに生きていて、若い者に飢饉職の貯え方を教えようとしても、若い者はほとんどまともに聞こうとしない、と浄因は述べているが、宝暦五年（一七五五）が、その平穏を揺るがす大飢饉であったことが逆に印象づけられる。東北の飢饉というと、天明飢饉が著名だが、実は宝暦五年の凶作の方が、秋田藩においては大きな打撃だったのである。もちろん、不作だけが飢饉の原因ではない。浄因によれば、それ以前の三年間米価安が続いたため、銀納化していた諸役の納入に農民たちが苦しんでいたところを、宝暦の大凶作が襲ったのであった。

しかし、より重要なのは、「田家の民は井地に利潤有ることを知る、則は、かつて廃田とは作さざるものなり」という指摘である。農民は、その土地に利潤が生まれるのであればけっして廃田にはしないものだ、と浄因は言っている。それではなぜ、廃田が生じるのか。それは、「田位低く高免の地」が多いからだと彼は指摘する。すなわち、土地の性質が劣る（具体的には生産力が低いということになる）のに、年貢率だけが高いままの土地が多いからだと言うのである。生産力が低いのに年貢率が高く、米価が安いために諸役の銀納が要求される。米価が安ければ、諸役の銀納は農民にとっては増税に等しい。そのような土地を、農民が後生大事に守るはずがない。それを解決するためには、「井地平準の法」を行うことである、と彼は言う。「井地平準の法」とは何か。それは、田位や免（年貢率）を実態にあったものに直してやることである。すなわち、地勢の変化に応じた検地の施行である。

当時、藩は「打ち直し検地」とよばれる検地は行っていた。これは、農民の要求に応じて行われるもので、基本的に農民を救済する目的をもって行われた。しかし、浄因が言う「井地平準の法」は、そうした目的のために行うものではない。長い時間を経て実態と合わなくなった土地の田位と免を、実情に合わせてその数値を直すために行うのである。したがって「石高撃減る時も有り、また出高有りて増す時も有り、また増減なき時も有るなり」ということになる。一言でいえば、領内総検地を実施せよ、ということなのであろう。しかし、藩からすれば、これは言うにやさしく行うに困難なことである。各村々の総高が変われば、検地帳の作り直しだけではすまない。給人たちの知行地の割り直しも必要となるだろう。言葉にすれば容易だが、非現実的な献策と言わざるを得ない。「井地平準の法」などと言ってみてもこの程度である。ただ、歴史資料として『水土録』を読む側としては、当該段階の農村と農政が直面していた状況はよくわかる。浄因が述べていることを、このころ農民たちによって作成される上書類と合わせて読むと、当時の状況を正しく把握していることがわかり、したがって『水土録』の歴史資料としての価値が再確認できる。

浄因は、浄土真宗の僧侶であるが、江戸時代の知識人の特性として、その思惟様式の基礎にあるのは儒学的なそれである。「仏道と神道とは天下国家の人倫を治る道には非ず」といい、「聖賢の教の道を離れては一日も天下国家を治ることは叶わざることなり」という。「聖賢の道」とは、古代中国の聖人の教えであり、すなわち儒教である。だから『水土録』には、儒学の古典である四書五経の引用が多い。これに比して、同時代の日本の著作の引用はほとんどない。例外的に紹介されるのは、農書としてよく知られる宮崎安貞《みやざきやすさだ》の『農業全書』であるが、浄因は、「是も一応の説」としながらも、「時候地理の道を知らずして記したる物」であるために、「全く農夫の依用して証と為る物には非るなり」と全面否定のとらえ方である。要するに、地域の特性を知らずに書かれたものであるから用をなさないというのである。

もう一つ、具体的な著作名は出していないが、太宰春台《だざいしゅんだい》について言及した箇所がある。その部分には、

> 太宰は経済の道を知りて専ら天下国家を治る政事を気議する事を記したれども、井地の道をしらざれば一遍にして天下国家を治る政事の道に叶わざるが故に、その書を信読してもその益なきが如くなり。

とあり、これも全面否定である。

太宰春台は荻生徂徠《おぎゅうそらい》の学問を発展・深化させた学者であるが、徂徠の学問、いわゆる徂徠学の特徴は、政治を為政者による作為としてとらえたところにある。作為であるならば、改革も可能である。したがって、近世後期になると、藩政の諸問題の現実的課題に迫られた多くの大名たちが、徂徠学の系譜を引く学者を招

いて、その説を政策実行の参考とした。おそらく、ここに春台が批判されていることは、そうした徂徠学の経世論の盛行と無関係ではない。だいいち、佐竹義和が学館経営のために招いた山本北山《やまもとほくざん》が属する折衷学派も、徂徠学の分派である。ここで浄因が春台を否定するのは「井地の道」すなわち土地制度についての本質を知らないから、という理解である。

しかし、近世後期の多くの経世論がそうであるように、彼らは、石高制に基礎を置く幕藩制の矛盾を克服するために苦悶しながらそれぞれの説を語った。春台もその一人であるが、それに対する批判の根本が土地制度についての知識の薄さに求めるのは的をはずした議論と言わなければならず、ましてその論の本質が検地のやり直しというのでは脱力するしかない。

そうは言っても、浄因自身、当時の時勢の影響を確実に受けているのである。それは、国益論によく表れている。彼は、「売買交易して利潤を得、他国の貨財を招き、自国の有となして国民富をなす」ことを是とした。ここでいう「国」は秋田藩である。

> 三郡の万物の土産土崎の津湊に運送し、自他商賈の人売買交易し、他国の貨財を招き喚び、津湊を賑わし、公所は運役を納めて財用足り、商賈は利潤を得て富をなし、一国豊饒に治ること必然なり。

という。これは典型的な一藩国益論であり、海《かい》保《ほ》青陵《せいりょう》などが殖産策と結びつけて主張していた。ここでも浄因の書は、時代をよく反映していると言える。

長崎七左衛門と『老農置土産』

前に書いた浄因の論からは、当時の農村の状況がよく読みとれるが、実は、それは現在でいう県南の地域の農村に限定されたもの、と言ってよい。

近世の秋田では、現県南部を仙北筋（仙北郡・雄勝郡・平鹿郡）と言い、これに対して県北にあたる地域を下《しも》筋（山本郡・秋田郡・河辺郡）と呼んでいた。当時このような地域区分の認識があったということは、その時代の人々、とくに為政者の側において、この二つの地域の特性を区別する考え方があったということである。それは、端的に言えば、仙北筋は、秋田藩領の主要な穀倉地帯、という認識であろうと思う。これまでの秋田藩の研究自体、農村に関しては圧倒的にこの仙北筋によってイメージがつくられていると言ってよい。県南地域の自治体史を見ると、多くの場合書き手が共通しているということもあろうが、ほとんど同じような農村の説明である。浄因の『水土録』も基本的にはそれと同様である。

しかし、下筋には、見逃すことができない人物と著作が誕生している。長崎七左衛門という農民と、その著作『老農置土産《ろうのうおきみやげ》』である。長崎七左衛門は秋田郡七日市《なのかいち》村（現北秋田市）の肝煎を務めた。享保十六年（一七三一）の生まれで、二十五歳のときに宝暦五年（一七五五）の飢饉を、五十三歳のときに天明三年の飢饉を経験している。『老農置土産』（以下『置土産』と略す）は、天明飢饉直後の天明五年（一七八五）に書かれている。とくに後半は「置みやげ添日記」と題され、天明飢饉の具体的な様子が克明に記録されている。

七左衛門は、文化十三年（一八一六）にも、八十六歳という高齢にもかかわらず、『農業心得記』という農書を残している。

浄因の『水土録』がペダントリーに富んだ政策論的な要素を持つ書だとすれば、『置土産』は徹頭徹尾、具体的な農業実践を通して獲得された経験知に基づいて書かれている。

まず、浄因があたまから否定した『農業全書』について、七左衛門は、「世上重宝此上《このうえ》もなき書なれとも、一人として心を用ひ其徳を考ル者なく、都鄙《とひ》寒暖《かんだん》の違ひあれば此《この》国にて用ルにたらすと、古物店の埃に埋れ、又ハ富家の櫃の底に虫の巣と成て捨り居事、嘆かハしきにあらすや」と、その価値を認めようとしない世のあり方を嘆く。この一文は、『置土産』の冒頭の部分に出てくる。そして、このような世上の意識を受けとめて、「予《よ》二十年来、少しき例をして有増《あらまし》を子孫に伝ンと、拙《つたな》き筆に残し侍《はべ》る。仍《よりて》題号を老農置土産となすもの也」と述べて、その緒言を結ぶ。したがって、『置土産』執筆の契機は、『農業全書』に触発されたことにあること、そして、一定の経験を持った農民の先輩として後世の者たちに具体的な心得や技術・知識を残そうという目的をもって著されたものであることがわかる。前半は、そうしたことを証明するかのように技術論が展開されるのであるが、いま注目しておきたいのは、後半すなわち『置みやげ添日記』に書かれている次の一節である。

> 然《しか》ラハ百姓は其《その》年の気候を考、農業に心を用い、倹約を第一となさバ、壱ヶ年や二ヶ年の飢饉を免《まぬ》カるへきか。治に居て乱を忘れざるハ武道の常也。豊作に逢ふて凶作を忘れざるハ百姓常なるへし。

ここで七左衛門は、武士道に対応させる形で「百姓」の心得を説いている。言いかえれば、「百姓」であることの自覚を促すとともに、そのことの重要性を説いている。七左衛門は、前半（『置土産』の本論）の最後を、『農業全書』の精神を思い浮かべたとして、次のように結んでいる。

天道《てんどう》ハ人を殺さぬものなるぞ。己が油断で己が死《しぬ》るぞ。……無理な利欲ハ子孫絶ルぞ。金銀を好むハ己か奢りより起りて身をハ亡すとしれ。金銀を譲らすとても家々の業を子孫に譲たき物。身帯（身代）ハ中より上を好むなよ。……旨き物喰ふハ寿命と身帯に大毒なると常に慎め。百姓ハ金銀銭に目を掛な。落穂と成ハ爪立て取れ。農業ハ節を頼《たより》にすへからす。季候に連《つれ》て耕《たがやす》かよし。

武士道があるとすれば、「百姓」にも守るべき道があるということになり、とすると、右の一文がその具体的な内容ということになるだろう。「天道」とはやや抽象的な言葉であるが、先学の指摘に学びつつ右の文章の流れにそって理解しようとすれば、人間の運命を決定する摂理であり、かつ正直など世俗道徳の実践を促すものである。その「天道」は本来人の命を奪うようなものではなく、すべて人間の不相応な欲得によって、生き死にの幸・不幸が生ずるということである。これを、先の一文と合せて考えてみれば、凶作において餓死などの生ずることは、「百姓」としての自覚の欠如から起こるものということになる。

それにしても、くりかえしになるが、この後書きを記したのも、『置土産』を書き終えるにあたって「風《ふ》と此書（『農業全書』—注金森）の心奥寄に浮ひけれハ、則跋となし侍りぬ」と記しているところを読むと、七左衛門がいかに『農業全書』の影響を強く受けていたかがわかる。内容そのものが地域性の異なるものであるためそのまま参考にできないということであるとすれば、七左衛門が学びとったのは、農業に関する経験知を具体的に書き残すという行為と精神であったと言えよう。この点が、知識人浄因と七左衛門の決定的な違いである。

さて、『置土産』のなかで、下筋《しもすじ》の地域的特徴が表れているのは次の一節である。

当村ハ旧冬の内に多分餲死《がし》せし故、村三ヶ一の潰《つぶれ》に及ぶ。是偏《これひとえ》に銅山の炭を焼出し日銭を取事《とること》を悦び、農業を疎《うと》ミし故也。其詮ハ其時も炭竈《すみがま》へ立たず、農業を第一とせし者餲死に及ばず。

わが村は昨年の冬に多くの餓死者が出てしまい、村の三分の一の百姓が潰れとなってしまった。これはまったく鉱山へ売却する炭を作って売り、日銭を稼ぐことに夢中となって農業をおろそかにしたためである、と言っているのである。鉱山とは、阿仁銅山で、要するにこの地域では、炭焼きが農間余業として重要な役割を持っていたことが読みとれる。しかし、余業は余業であり、百姓の本務は農業である。そのことを忘れたことが、天明の凶作を飢饉という悲劇に結びつけたのだという認識である。

実際はどうであったろうか。寛政元年（一七八九）のもので、七日市村本百姓八七名が連印して肝煎に提出した「郷定」という史料が残っている（県公文書館、長岐文書）。前文及び六か条からなる。前文では、草木は「御百姓」にとって備えておくべき大切な品であるが、近年それらを伐り尽してしまい難渋している。それはみな薪として売り払ってしまったからである。炭を焼くことがその第一の原因であるから次のように定めたい、とする。

一条では、薪の伐り出しは郷中の許可を得て行い、薪の商売は禁止する。二条は、村々が林を取り立てるのは、水害や凶作時の助けとするためであり、したがってその取り立てに参加していない村の伐り出しは許可しないとしている。三条では、家普請のために杉材などが必要なときは、何の木を何本と申し出て許可を得ることとする。四条では、炭窯は伐り尽しの元凶であるから郷中の必要なもの以外は堅く禁止する。万一凶作などの節は、郷中に願い申し出て焼き出しをすることとしている。五条は、諸木の切り出しは入会村《いりあい》でも紛らわしいことがあるが、磨臼《ひきうす》などは必要な物であるから、埋もれ木・雑木などは必要なさいに書上げ、吟味の上で許可するとしている。
六条は、無高《むだか》同前の百姓が別家となることを禁止している。その理由は、無高同前の者が独立すると「偏《ひとえ》に山商売計《ばかり》いたし候故、自然と伐尽《きりつくし》ニ相成」からだと言う。もし万一郷中の許可を得ず別家を出すようなことがあったら、その者は言うまでもなく、その本家も取り潰すとしている。いずれにしても薪の伐り出しに関わることであり、商売とすることを厳重に禁止していることが注目される。
さらに、これをさかのぼる安永二年（一七七三）頃に作成された願書の写しがあるが、それには次のような部分がある。

去不作の儀は枝郷《えだごう》沢入の村々ハ多分青立《あおだち》の不作ニ逢、随て畑物実入《みいり》これ無く、当然より致し方これ無く飢ニ及び申すものがちニ御座候へども、是迄右炭焼出し候余勢を以ていかようとも相助り罷あり申候。この上とても御助成一通りニてハ年中相続申すべき御百姓どもに御座無く、半年ハ炭商売ニ取掛り申す御事ニ御座候。

願書は、このように述べて炭木を伐り出すためにさらに奥山への入山の許可を求める趣旨となっているのだが、ここには農間余業として炭焼きが欠くことのできない要素となっていることが読みとれる。しかし、そのことの継続がさらなる伐り尽しという状態を生じさせ、結局は寛政元年の「郷定」の成立をみることになったと思われる。長崎七左衛門の『置土産』は、このような背景をもって書かれたのであったが、とすると七左衛門の心には大きな葛藤があったはずである。七左衛門は『置土産』のなかで炭焼き商売に身を入れすぎることを強く戒めていたが、しかし、田地の耕作だけでは身を立てていけない者が炭焼きによって生活を維持しているという現実がある以上、田地耕作への集中を促してそれをもって百姓成立《なりたち》の第一とすることには大きな責任がともなうからである。七左衛門の『置土産』には、仙北筋の農村には見られない、下筋農村の苦悶が反映されているのである。

前北浦一揆

今回は一揆の話をしたい。一揆というと、農民が莚旗《むしろばた》や武器になる農具を持ち、蓑笠を身につけて領主を襲うという攻撃的な場面を想像されるかもしれない。そうした形をとった農民一揆は、隣国の盛岡藩とくらべると秋田藩の場合は少ないという印象を持つかもしれない。しかし、本来一揆とは、揆《はかりごと》を一にする、すなわち意志を一致させて行動するという意味合いであり、暴力的な行為をともなわなくても、たとえば村の鎮守などに集まって年貢引下げ願いの相談をし、意思統一をした場合でも一揆の成立と考えることができる。よく知られている、仙北郡山谷川崎村の傘型連判状《かさがたれんばんじょう》などは、それが直接領主に対する攻撃的な行動にならなくても、十分に一揆的な行為の証しである。

集団的な行動という形で顕在化したものとしては、天保五年の前《まえ》・奥《おく》両北浦《きたうら》一揆が、秋田の事例としてはよく知られているだろう。ただ、その細部についてこだわって検討したものはあまりなく、ここではこの二つの一揆を中心に、この時期の秋田の農民の意識を探ってみたい。

ただ、このての史料は伝聞に基づくものが多く、いろいろな部分に筆者の主観が入り込んでいるところがあるので、どこまでを事実とするかたいへん難しい。それはそれでまた面白い部分でもあるのだが、そのあたりにも注意をはらいながら読み解いてみたい。史料は、誰でもご覧になれる『編年百姓一揆史料集成』に収録されたものを利用することをあらかじめお断りしておく。

まず、前北浦一揆から見ていきたい。前北浦というのは、横手盆地の北部で、大曲から角館にいたる地域をいう。江戸時代には、佐竹一門の北家（当時の当主は佐竹義術《よしやす》）が、所預《ところあずかり》として管轄・支配していた所である。前北浦一揆が起こったのは天保五年一月であるが、その前年は東北全体がいわゆる「天保飢饉」に襲われ、秋田藩も武士を含め、その飯米の確保に難渋していた時であった。まず、一揆の様子を伝える「天保四未年飢饉の日記」（『集成』28頁）から、その部分を拾ってみよう。

下筋秋田三郡絶作ノ御手当繰り替米等仰付《おおせつけ》ラレ、百姓打寄リ申合、此《この》姿ナラハ皆無ノ郡県同様ニ段々饑渇《きかつ》ニ相及ヘキ心得ニテ村々申伝、前北浦一円家壱軒ヨリ壱人宛《ずつ》、凡《およそ》弐千人余相催《もよおし》、手毎《てごと》ニ山刀・鉞《まさかり》・鎌又ハ古キ脇指等相持、御城下ニ押込、願筋ハ第一御用米、御繰替米・御回米止置レ候事ニ可申立、其外《そのほか》言語道断の願也。

後半の部分で、「御繰替米」とあるのは、冒頭の言葉から判断すると「下筋」へ飯米として送る米をさすのだろう。おそらく「御用米」は久保田へ廻送される米、「御回米」は、阿仁銅山の飯米として廻送される米をさすものと思われる。要するに、全体が飯米に難渋しているなかで、他の地域に米が廻送されれば自分たちの飯米がなくなるために、その廻送を阻止しようとしてこの一揆が起こったことがわかる。最後に「其外言語道断の願也」とあるところからわかるように、この筆者は農民に同情的な立場にはない。村々が連絡をとりあい、家一軒から一人ずつを参加させている点に、この一揆が決して突発的に起こったものではないことが示されている（もっとも伝聞史料である以上、このことを一次史料で実証することが必要だが）。彼らは、道を進みながら「時々鯨波ノ声ヲ揚ケ」「大カカリヒヲ焚」いて「破竹ノ勢」であったという。ただし、途中「街道ノ並木ヲ伐」という程度で、他者への暴力行為には及んでいない。こうして一行は、神宮寺村までやってきたが、ここには渡し場があった。この渡し場は両岸に綱を渡してあり、その綱に引くようにして船を対岸に渡すかたちであった。他の史料によると、駆けつけた役人がこの渡しの綱を切り落とすことで一行の進行を押しとどめたという。さて、この史料によると、城下からたくさんの役人たちが駆けつけ、そのほうたちの願い通りに聞き届けるからおとなしく村へ帰るように申し諭すと、農民たちは「何事ニヨラス願通相成上ハ、勝軍ノ心地シテ」引き揚げたという。筆者はこの事件を次のような一文で結んでいる。

扨《さて》百姓共御国恩ヲ軽《かろん》ス、ミタリニ一揆徒党ヲ相催《あいもよおし》、御領内ヲ騒シ、他国エ聞エモ顧ミス、不届ノ致方、依テハ其内首立《おもだち》徒党《ととう》致シ候者五六人モ重罪ニ処シ置ルヘキ所、仙北郡奉行金易右衛門初《はじめ》其外《そのほか》ノ役々、俄《にわか》ノ蜂起ニテ万事度を失、又々騒ケ敷《さわがしき》事ノ出来《しゅったい》モヤセンカト、夫レニノミ泥《なず》ミ、百姓共エ一円構ナク指置《さしおき》後ノ患《わずらい》ヲ引出セリ。

文中にみえる金易右衛門《こんやすえもん》についてはすでに述べた。当時郡奉行であったが、仙北三郡（仙北・雄勝・平鹿）を一人で管轄する位置にあった。この筆者は、農民に対して何の措置も講じなかったことが、後の患いの原因になったと手厳しい。しかしよく読むとこの史料には疑問がある。それは、一揆勢を説諭して押しとどめたのが城下から駆け付けた役人であるのに、農民の処断が郡奉行の金に一任されていたかのように述べていることである。そこで、もうすこし現場に近かった者の証言を聞いてみよう。

『集成』には、当事者であった金の書簡の写しも収録されている。今度はこれを見てみる。

この史料の冒頭には「下筋米不足《しもすじこめぶそく》ニ付、仙北より有米《ありごめ》余分之分御借、久保田へ川下《かわさげ》ニ相成候ニ付騒立《さわぎたち》壱件、金易右衛門より申来候写」とあって、一揆の直接の原因が下筋への飯米を押しとどめようとするところにあったと認識されていることがわかる。金が知らせを聞いて詰所である六郷を出発した時には、一揆勢はすでに大曲村に到着していた。彼らは幕林《まくばやし》という所に集り直接に藩の重役に訴え出る籠訴《かごそ》を計画していたというが、それをしてしまったら「御法」通りに厳しく処罰されることを、大曲村肝煎らを通して説いて聞かせたところ、長野村の御役屋あたりまで引き取ることを了解した。

その後金も長野村に向かったが、役屋周辺は、篝火をかざし、武器ようの物を持った百姓たちで囲まれていた。千人ほどの百姓が「互いに声を懸合《かけあい》い」「誠に百姓一揆とハ乍申《もうしながら》騒々敷《そうぞうしき》ものニ有之《これある》」様子であったという。そこに郡方吟味役の渡辺泰治と大和田熊蔵が駆けつけ「散れ〳〵」と声をかけ、「銘々願《ねがい》之《の》筋有之《すじこれあり》候《そうら》ハ、早々可申《もうしい》出《ず》之《べきの》旨《むね》」を申し渡したところ、夜四ツ頃（午後一〇時）になって親郷ごとに四組の代表が各二名ずつ、計八名が願書を携えて役屋へやってきた。彼ら八人の傍らには足軽が付き、次の部屋には大曲村・刈和野村の村役人が同席し、その場で農民の代表が願書の内容を演説した。金らは、彼らの行いが不法なことであり、これ以上同様の行為を続けるのであれば有無を言わさず縄をうち捕えることになる旨を伝えると、百姓たちは「初て恐怖之模様」を見せ、願書を差し出した。そこで、金らは、百姓らの願書を受け取るとともに、集まっている者たちをただちに解散させるように伝えると、八人の代表たちはかしこまってその意を受け引き取った。金は、

従来外《ほか》ニ了簡もこれなく候得ども、人々ニ引き連れられ罷越《まかりこし》候《そうろう》者共ニ候得は、ありがたく即時ニ引取、程々ニ焚火迄も取消、九ツ半頃ニもこれあるべく、残らず引払ニ相成、一《ひ》ト《と》先《まず》安心致候。

と述べている。もともと大した了簡もなく、一部の者たちに扇動されてついてきた者たちであるから、かえってありがたがって散会した、というのは、金の主観にすぎないが、農民に対する愚民観が窺われる記述である。

さて、この金の記述は、先に紹介した史料が伝える様子とはかなり異なる。先の史料では、役人たちはなすすべもなく農民たちを解放してしまったとして、金らに対して批判的であったが、金の書簡によると、最後には整然としたなかで（しかも第三者的な他村の肝煎の出座も許可して）、農民たちの代表から願書を受け取り、法度を犯すことのデメリットを説いて解散を命じたことになっている。はたしてどちらが、正しく事の次第を伝えているのだろうか。

『集成』は、やはり伝聞史料をまとめたと思われる「凶作騒動記」という史料を収録してくれているが、この史料では、「まぐ林八幡宮」に二五〇〇人ばかりが集まっているところへ、足軽を引き連れた渡辺・大和田らが駆けつけ説得し、農民たちが願書を携えて長野役屋に詰め寄せたところへ、金易右衛門が六郷役屋から駆けつけ、一つの親郷組より二名ずつ、計八名の農民を呼び出し、農民の申し分を聞き説得したことになっている。これは、ほぼ金の書簡が述べる内容に近い。

また、渡辺泰治と大和田熊蔵によってまとめられたと思われる「御百姓共願書之向書付ヲ以早速左之通申渡候」という標題をもつ史料によると、その書出しには、次のようにある。

久保田へ出府致し、御役屋へ潜《(マ、)》り入願申上候。露命相助《あいたすかり》たき段《だん》書面ニ相見得《みえ》候得とも、百姓公事《くじ》等之《(マ、)(えカ)》取入《とりいり》申《もうす》間敷《まじく》前以被仰渡《おおせわたされ》もこれあり候得は、誰有て願筋へ取扱相及ぶべきようこれなく、多人数の事故不勘弁《ふかんべん》の者《もの》もこれあるべく候故心得形《こころえかた》申知候。

文中にある「公事」とは、訴訟ごと全般をさす言葉である。要するに、「露命」が続くようお助けいただきたいということだが、百姓が訴訟沙汰（この場合は上訴をさす）に関わってはならないということは前もって知らせてあるのだから、それをそのまま善処するということはできない。多人数だから中には物事を知らぬ者もおるだろうから心得ておくべきことをあらためて申し渡す、というような文意である。注意すべきことは、「露命相助たき段書面ニ相見得候得とも」とある点で、農民の要求を記した願書が彼らに手渡されたことは間違いないようである。

また、この史料は右の文章に続いて、八項目にわたって農民の要求事項（ほとんど、飯米や備蓄米にかかわるものである）に対する回答が列挙されている。「願筋へ取扱相及ぶべきようこれなく」といいながら、一応農民たちの要求に解答しているわけである。建前は建前として、農民たちの飯米不足に対する危機感を、彼らも知らないわけではなかったのである。

こうしてみると、やはり伝聞史料よりも当事者である者の記録の方が信憑性が高いと言わざるを得ない。もっとも、金の書簡は、当事者でかつ責任が問われる立場であるだけに、かなり主観的な修辞がほどこされているように見えないわけでもないのだが。とくに、次の金の記述は、楽観的にすぎると言わざるを得ない。

一昨夜五千人位も集候様其向《ようそのむき》より申出候得とも、弐千人漸々ニ相見得候。奥北浦六ヶ村加り候なと、申ハ更ニこれなき事ニて、去今前北浦の面々の口より出候事ニて、夥しく鳴分申立《なきわけもうしたて》候迄の事ニ候。

このあと、金はまさにその奥北浦の農民たちに苦しめられることになる。

奥北浦一揆とその後

前北浦一揆の熱気がまださめやらない、翌二月十八日、今度は奥北浦とよばれる地域の四十二か村が一揆を起こした。奥北浦は、前北浦に接続する田沢湖よりの地域で、以前より阿仁銅山の飯米を準備する所として指定されていた。天保四年の凶作の波がまだ住民を襲い続けているその時に、阿仁銅山への廻米が行われては死活問題だとして、農民たちがその停止を求めたのが直接の原因である。たとえば、次の史料を見てみよう。

阿仁銅山へ仕送米、此秋より北浦において、見上新右衛門・岩屋新助仕込ニて買立候儀ニ付、角館町米直段引上ヶ、別《べっし》て当秋不熟故出米不足、端《はしばし》々の者《もの》ハ申に及ばず都《すべ》て町々迷惑致候。

北浦地域で阿仁銅山への廻米が買い集められているために米不足となり、米値段が高騰して角館やその周辺の者たちはことごとく迷惑しているという内容である。文中に見える見上《みあげ》・岩屋の二人は阿仁銅山を請負う山師である。そして、この史料は宝暦十三年（一七六三）の『北家日記』に見えるものである。つまり、この地域にとって、阿仁銅山への飯米廻送の義務付けは、一揆が起こるはるか以前より問題をはらむ事項だったということである。

さて、奥北浦一揆が、先に起きた前北浦のそれと決定的に違っていたのは、農民たちの行動に暴力行為がともなっていたことである。しかし、そこにいたる経過はやや複雑である。

一揆勢が最初に押しかけたのは、阿仁銅山への廻米の蔵宿《くらやど》、西明寺《さいみょうじ》村九右衛門宅であった。すでに前北浦一揆が終った段階で仙北地域を巡回していた須田内記（家老）がその情報に接して同所へ駆けつけると、木陰に三〇人ほどの農民がたむろしているので、声をかけるが何を聞いても答えない。そうこうしているうちに、何人かがほら貝を吹くと、あちこちから集まり始め、何百人とも知れない数になった。しかし、あえて乱暴をはたらこうという様子は見せない。そのうちに、廻在中であった森田老之助（郡方見廻役）や菊地四郎（角館御回米運送方）なども知らせを聞きつけてやってきたが、その頃には一揆勢は一四〇〇人ほどに膨れあがっていた。この人数が、手に手に山刀や鎌を持ち、九右衛門宅を取り囲み声を張り上げている。森田や菊地らがその集団の中に入り、「何之訳ニて大勢集り候や、静ニ申すべく」諭すことを試みたが、願いの筋があることをほのめかすだけで具体的なことは答えようとしない。そこで、「此処へ集り斯騒々敷致候《かくそうぞうしくいたしそうろう》迚致《とていたし》方これなき趣」を申し諭したところ、農民たちは「御尤の義ニ候。しかしながら空複《(マヽ)》ニて何方へモ参られず候。御廻米蔵へ積置候筈故給申度《たべもうしたく》」と答えた。そこで、三斗四升入之俵を一四俵ほど炊かせ、最初は握り飯にして出したが、そのうち銘々の笠にもって食わせたという。

以上は「凶作騒動記」という標題を持つ史料が述べる様子である。なお、右の一文で「給」とあるのは「たべる」と読み、「たまう」ではない。秋田に限られるのがどうかわからないが、酒を呑む場合でも「酒を給へる」と送り仮名をふっているケースが見られる。

ここまでで注意したいことは、一触即発の状態ながら、役人たちの介添えを拒絶していないことである。また、炊出しを行うとただちにそれを受け入れている。やはり、凶作・飢饉状況下での飯米要求が直接的な要因であったことが推測される。

さて、一揆勢は、役人たちの説得を入れて、いったんは角館役屋に向かう。その間、集団から遅れそうになる者には、「迯かくれ等致候ハ、其方皆繰行候て喰（可カ）不申と異口同音ニ叫」んで脅しをかけた。「天保凶饉見聞実録」という史料では、この段階で北家（一門。角館所預）の当主・家臣らも出馬している。大勢をそのまま役屋に引入れることもできないため森田が先に角館に入り、残った役人たちを引き連れてくる算段だったが、途中生保内《おぼない》街道の追分あたりへ来たとき、一揆勢は角館の方へは一人も向かわず、一斉に梅沢村の方角へ移動し始めた。

十九日夜、同村肝煎の清右衛門宅に押し掛けたが、ここで一揆勢は、「其方《そのほう》親父清右衛門親郷能相勤《おやごうよくあいつと》メ候故乱暴は不致《いたさず》候。其方も親父之通り能《よく》相勤候ハ、抔《など》と云侑《は》り」、米二〇俵程の炊出しをさせた。そして二十日、卒田村の儀助という者の家に押しかけ、「家は半くわしニ致」、飲み食いして雲然《くもしかり》村に向かい、同村の親郷肝煎久吉の家を襲った。この時の様子を「実録」は、次のように伝えている。

当村親郷《おやごう》久吉兼て奢りものニて、村々取扱も宜しからざる故、家蔵をこわし、戸障子をたき、家財諸道具残りなく引出し微塵にいたし、乱暴狼藉計りなし。（中略）我々なんそ当人打擲《ちょうちゃく》致候事ニはこれなく、只我等の着ル物を着せ、仕事を致させ見たくとて尋回り候由。

この部分に私はもっとも興味を引かれるが、それについては後述しよう。

このあと、郡方役人と北家の家臣らが説得のため雲然村に向かうが、いろいろ説得を試みるものの聞き入れようとしない。とりわけ、北家の家臣が諭すと被り物をとって聴き入るなど神妙な態度を見せるが、郡方役人が語りかけると、「郡方御役人の申事なれハ一向耳ニ入らぬ抔《など》と申聞」る始末であった。やむを得ず暮頃になって北家当主が出馬し、要望があったら書面で提出せよ、場合によっては北家が久保田に出府してその方たちの申し分を上申するから、と諭すことで、ようやく一揆勢は退散することになったのである。

なお、先に引用した「凶作騒動記」では、北家が出馬した際、家臣が「いかなる趣ニテ如此騒立ニ相及候や」と尋ねたところ、その場で、

第一郡方《こおりかた》之御仕向《しむけ》ヶ宜しからず、其《その》上木山方《きやまかた》・郡方・産物方・御薪方《おんまきかた》・養蚕方・銅山御廻米方御百性労煩《ろうはん》ニ相成候故郡方皆相止られ、西川運上も相止られ、高壱石ニ銭拾五貫文宛拝領つかまつりたく、前度の通り御北様御支配ニ成し下されたく、

と、「異口同音ニ」答えたとある。個々の要求については、『寛斎雑記《かんさいざっき》』が詳しく解説しているが、ここでは触れない。ただ、郡方を廃止して北家の支配を復活してほしいという論については、郡方支配と所預の支配のあり方を云々するよりも、農民のしたたかさが印象づけられるということは指摘しておきたい。また、他の政治的な要求について北家の関与があった可能性については当時から取沙汰されているが、十分考えられることである。

私はむしろ、一揆勢が梅沢村清右衛門に対しては暴力行為を控えたのに対して、雲然村の久吉に対しての行為と物言いが極端に異なっていることに興味をひかれる。「凶作騒動記」によると、久吉は、「親郷中之口《くち》利《きき》者」であり、角館に妾を二三か所にも囲っているような人物であった。先に引用した「我々なんそ当人打擲致候事ニはこれなく、只我等の着ル物を着せ、仕事を致させ見たく」という部分に、一揆勢の価値観が凝縮されている。梅沢村清右衛門については、その父が善き肝煎であったから乱暴は控えるが、久吉は、百姓身分でありながら、角館に妾を複数囲うような人物であった。農民たちは、久吉に、自分たちが普段している生活をさせてみたいだけだというのである。つまり、彼らが許容しなかったのは、農民として自分たちが

属する社会集団に違背する行為を平然と行う者であった。ここには、「百姓」であることによって律すべき暗黙のルールのようなものが、彼らの中でイメージされていることが読みとれる。

だから彼らは、ただ家屋を破壊するという暴力行為を行なったのではない。彼らは久吉の家を襲撃した時、「家ハつふし共雨《(マヽ)》海ひ崩すな、蔵はつふし《(潰す)》共《とも》錠前へ手をさすな、諸道具ハ打破《うちやぶる》共《とも》奪ひ《(奪う)》な」と声をかけながら、破壊行為を行ったのである。いわば、略奪行為と一線を画すものであることをたがいに確認し合うことで、自身の主張に説得性を持たせたのである。「久吉ニ此仕業（自分たちの生活―注金森）ヲ致させ、我等食ヲ喰せたし」という彼らの要求は、だからこそ正当性を持つことになる。

このように見てくると、彼らの行動目的と、一揆の要求として提出されている事項の内容とがあまりに乖離していることに、あらためて疑心を持たざるを得ない。平川新氏が指摘するように、いずれの要求も農民の再生産維持に関わることであると理解することによって（平川、一九九六）、一定の理解はできるし、また私もそうした理解には賛成なのであるが、それらが、「郡方・産物方・木山方・御薪方」などの役職名で並べられているところに、作為を感じるのである。ただ、この、一揆の要求に関する議論になるとより多くの紙数を費やすことになるので、それについては拙著に譲っておきたい。

この奥北浦一揆で処罰された者はわずか五名で、しかも実際には一揆との関連が明確でない、不浪人のような者たちであった。つまり、厳格かつ確実な詮議と処罰が行われたわけではなかったのである。そして、このような事件は、大きく武士と農民の関係を変えていくことになる。次は、天保十一年の史料である。原文をそのまま引用する（ただしルビは金森）。

大曲村金剛院参候て咄ニ、去月廿一日大曲近在ニて千人計打集騒ニ付六郡《(マヽ)》御役屋詰見廻役皆川文四郎出張いたし候所、いつれも役人なとハ打殺せと申さわき候ニ付、何也とも願之筋も候ハヽ、願通ニ取計《とりはからい》遣わすべく候故先ツ鎮り候様文四郎申候所、万一願通相成らざる時《とき》ハ首をぬき申すべきと皆々申候ニ付、其取計届《そのはからいとどき》申さざる時《とき》は其方《そのほう》とも手を待候迄もこれなく自分ニて腹切り申すべしと申候所、自分ニて死ね得候事なれハおもしろ《(面白い)》へ、そんならハ申しべし、外事てハなへ《(ない)》、もの喰ニ成候様ニしてくれと申候故、取計遣すべしと申候所段々皆引候よし。右集り候ものハ何村々と申事も聢《しか》と聞かず、諸方より之集りと申事ニ候。発端は食ものこれなきニ付いつれも出候様触あるき、出ぬものへハ食ものこれある故と見候迚昼食の宿等申付候ニ付多分出候事と聞候よし。其後郡方役々急段ニ罷越候ていろ〳〵といたし居候よし。又北浦の方ニも小まへのもの日々肝煎へ相越御用米・御買上米其上ニも弐匁銀を米ニて御取立いたし方これなく、此上御収納も出来かね候ニ付願申しあぐべく候へとも、右は迚も願候事は出来《でき》申《もうす》間敷《まじく》、我等願申すべく候故久保田へ同道いたしくれ候様申候よしニ候なと申事也。

以上は、天保飢饉時に勘定奉行を勤めていた介川東馬の日記の天保十一年三月二日の条に記載された一文である。

「いつれも役人なとハ打殺せ」という物言いがまずもって不穏であるが、取り計らってやるから要求を言ってみろと言う役人に対して、願いが聞き届けられなければお前の首を引っこ抜いてやると農民側は言っている。まともに相手をしようとしていないのである。それに対し、役人は、お前たちの手を借りずとも約束を果たせない場合は自ら切腹してみせると言うと、農民側は、「自分で死ぬというのならば面白い、それなら言ってやろう、ほかでもない、物を食えるようにしてほしいのだ」と応酬した。役人が、そのように取り計らってやると約束すると、みな引き取ったというのである。また、農民同士で強制力が働いている点も興味深い。参加しない者は食い物があるからだといって昼食の宿にするというのは仲間への脅しである。やはり、農民には農民のルールがあると言わざるを得ない。

これは大曲村の金剛院の住職から介川が聞いて書きとめたものであるが、わずかの火種さえあれば、いつでも一揆が起こりうるという当時の農村状況を象徴的に示しているようなエピソードである。

日本海海運と秋田湊（1）

北前船《きたまえふね》が人気らしい。西日本の湊から日本海を北上し、その先々の湊に寄港しながら蝦夷地をめざす。帰りにはまた同じルートをたどって途中の湊に立ち寄って積荷の蝦夷地産物を販売し、最初の出発地点をめざす。たしかに、ある種のロマンをかきたてる要素は十分にある。

このような北前船が担った重要性を否定するわけではないが、江戸時代の日本海運が、北前船によってのみ展開していたというのは、やや視野狭窄ではないかとも思う。だいたい、秋田藩に関していえば、海運の問題は、実態に即してそれほど明らかにされているわけではない。ここ数年、ある自治体史の通史の叙述のために、得意でもない海運の勉強をするはめになったが、それによって得た情報の余滴を、今回は簡単に披露してみようと思う。

だいたい、一年間に秋田にはどれくらいの他国船が入って来ていたのだろうか。そうした基本的なこと自体よくわかっていない。以下に掲げた表は、それについて具体的な数値を教えてくれる史料である。しかも文政六年（一八二三）から安政元年（一八五四）までと、比較的長期にわたるデータであることも貴重である。出典は、国文学研究資料館が所蔵する「小貫家文書」のなかの「文政六年より安政元年迄三十二ヶ年出入役銀出穀并入品取調帳」という史料である。名称の通り、この史料には、出役・入役銀の高や大豆の出荷高なども記されているが、ここでは入船数に注目してもらうために割愛した。なお、現在は、秋田県公文書館の写真帳で見ることができる。

さて、この史料が作成された当時、筆者の小貫頼誠は土崎湊詰であった。同家の史料にこのようなデータをまとめた簿冊が含まれているのはその故であろう。問題は、ここに記された入船数が、土崎湊だけなのか、能代湊も含んだものであるのかということである。小貫家史料を所蔵する国文学研究資料館が作成した同家史料目録の解題は、これを土崎湊に限定してみている。しかし、結論から言うと、土崎・能代両湊を合せた数値であると思われる。その理由は、この表からは省いたが、原史料では、出物の欄に干鰕《ほしか》という項目があり（ただし、文政十一年、十二年、天保三年、弘化元年、嘉永五年の五か年分しか記されていない）、その移出高が、たとえば文政十一年が三七万五九九〇貫目余（重量）、同十二年が三六万七五二貫目余と非常に高い。これは能代から出荷される干鰕量を反映させせないと出てこない数値である。そうである以上、入船数も能代湊のそれを含めたものと考えるべきだろう。

これによると、年によってかなり異動がある。全国的な経済状況も関係しているだろうし、航海を主導する船頭らの情報網により、各地の湊の物資の情報も影響を与えたと思われる。面白いのは、天保飢饉の翌年にあたる天保五年（一八三四）が、七九二艘と、入船数が多いことである。天保四年の飢饉は全国的に知られていたから、この年はやや数字が低い。その翌年が倍増しているのは、この年の秋田が豊作であるという情報によるものか（実際に豊作であった）、あるいは物資の移入分が多かったためか定かではないが、米の移出高が極端に低くなっていることからわかるように、物資の移出は少なかった。むしろ、飢饉対策のために移入超過の年であったはずである。表示はしていないが、同史料に記されたこの年の出役銀（移出物にかかる課役）が、一七貫五九〇目と極端に低い数値であることがそのことを物語っている。これより四年前の天保元年の入役銀高は、一二五〇貫三〇〇目であるから、いかに低い額であるかわかるだろう。これに対して、入役銀は一一三貫七〇〇目であるが、これも多い年には三〇〇貫目を超えるから、決して高い数値とは言え

年　代	入船数	出　　物	入　　物		
		玄　白　米	塩(俵)	繰綿(丸)	木綿(反)
文政6年	752	16万1156石5斗5升8合	97,620	7,019	68,341
同　7年	659	12万2959石1斗8升	60,896	11,129	119,708
同　8年	584	8万3380石1斗9升	55,498	6,829	71,560
同　9年	516	5万8472石3斗3升	70,000	7,047	89,285
同　10年	616	11万2969石1斗5升	111,080	9,622	83,056
同　11年	582	7万6290石	80,051	7,780	72,735
同　12年	527	7万 956石9斗4升	70,020	7,156	72,906
天保1年	661	12万 577石1斗5升	104,111	5,251	58,272
同　2年	685	7万6060石6斗4升5合	63,858	10,799	67,673
同　3年	560	5万3494石9斗9升5合	72,216	5,095	50,568
同　4年	443	1594石余	60,435	3,997	24,650
同　5年	792	71石7斗5合	92,127	959	1,106
同　6年	407	836石6升	81,924	2,246	16,473
同　7年	373	9483石9斗2升	56,700	1,921	34,783
同　8年	775	597石2斗3升	90,263	1,103	44,506
同　9年	399	1211石5斗6升	80,936	2,741	2,976
同　10年	325	88石4斗	59,874	2,125	14,623
同　11年	520	3060石5斗4升5合	89,310	5,091	19,349
同　12年	493	3万7299石5斗6合	99,440	7,856	13,437
同　13年	690	9万4494石7斗9升9合	86,760	9,368	41,362
同　14年	719	13万3176石6斗3升5合	61,009	8,394	52,345
弘化1年	710	13万5193石9斗3升	127,623	18,031	53,840
同　2年	582	9万4260石7合	110,311	8,850	59,448
同　3年	685	11万3708石8斗	65,454	13,655	58,389
同　4年	613	7万5449石7斗	59,741	7,164	51,604
嘉永1年	627	7万2322石5斗	88,154	8,342	31,032
同　2年	778	13万1343石	109,444	8,038	39,177
同　3年	902	16万4472石	101,520	18,036	141,131
同　4年	720	8万4619石5斗9升5合	69,717	8,860	133,155
同　5年	718	9万4188石5斗	95,628	7,192	48,803
同　6年	675	8万 719石9斗8升	144,558	9,356	38,125
安政1年	619	8万5827石8斗8升	78,381	10,438	44,025

ない。これは物資の移入が少なかったのではなく、おそらく藩が、食糧移入のために入役銀のハードルを下げたことによるものだろう。天保五年は、何も積み込まない状態で出港した船が多かったと思われる。

小貫頼誠が書いたと思われる「色々抜書覚・湊詰合中共」という史料の中に（頼誠の文字はかなりの癖字で、一度みると他と間違えようがない）、翌年の入船数を月別に予測した内容の記事がある。年度は記していないが、頼誠はほかに「湊出入役処詰合日記」という嘉永六年の記録をのこしているから、その前後のものと考えられる。そしてその対象となった年は四月の閏月があるとされているので、おそらくは嘉永元年の記事である（同二年に閏四月がある）。それによると、予測している入船数は、二月が一五艘、三月が一〇〇艘、四月が一三〇艘、閏四月が七〇艘、五月が八〇艘、六月が一二〇艘、七月が一五〇艘、八月が七〇艘で、計七四〇艘とある（計算合計と合わないがそのまま史料の数値を記す）。だいたい、他国船の入港は、旧暦の三月に始まり、八月でほぼ終わるのが通常であるが、それに照らしてみると、閏月も含んでいるのでやや受け入れ期間が長い。しかし表をみると、嘉永二年の実《じつ》入船数が七七八艘で、ほぼ予想に近く、信頼できる数字と言えよう。

しかし、ひと月に一〇〇艘前後、仮に能代湊を四割と考えても土崎だけで六〇艘である。通常は数日間停泊するから、一日相当数の船が留まっていることになる。しかし現在の土崎港のありようを考えてみても、それはかなり困難なことなのではないかと思われる。次項では、そのような点を含め、どのような地域の船が秋田にやってきたのかなどについて考えてみたい。

日本海海運と秋田湊（2）

前回、何十艘もの船が土崎湊に停泊するのは困難という意味のことを述べたが、その理由はスペースだけのことに限らない。県立博物館所有の「秋田風俗絵巻」、千秋美術館が所有する「秋田街道絵巻」には土崎湊が描かれているが、これを見るとわかるように、当時の土崎湊には、中洲が形成されている。つまり、遠浅で、砂が溜まりやすい地形だったのである。これでは、千石船などは岸に寄りつけなかったであろう。

「秋田風俗絵巻」には、一艘、かなり大きな船が描かれているが、これは、吹き流しなどの飾りがつけられているところを見ると、建造されたばかりの船なのだろう。むしろ、遠景に描かれた沖合を見ると、廻船と思われる船が何艘も描かれ、それを目指して、米俵を積んだたくさんの長船《ながぶね》が、岸を離れて沖へ向かっている。つまり、入湊した廻船は沖合に停泊し、人や物資の移送は、付船《つけぶね》が利用されたのである。これは、能代湊を含め、他の湊でも同じであった。

付船は、本船と海岸をつなぐ役割をはたす重要な存在で、土崎では仲間組合が形成されていた。しかし、独立して営業できる存在ではなく、制度上は、その湊の廻船問屋の支配に属していた。この業者が、自分の扱った廻船の船主・船籍（その船の出発先）・船頭・大きさなどを記録したのが「付船帳」や「客船帳」とよばれる史料である。

近世海運の研究に大きな業績を残した柚木學氏によれば、上記の項目のほか、積荷も記載されるとされるが、実際、他の地域の「客船帳」を見ても、積荷については記載されたりされなかったりである（記載されていないケースの方が多い）。秋田ではこのような史料についての調査が完全になされているわけではないが、現在唯一秋田湊に関する「客船帳」として見ることができるのが、秋田県立博物館が所蔵する「土崎湊歳々入船帳」である。

この史料の記載は宝暦十年（一七六〇）から明治期におよんでおり、類似史料が現在のところみつかっていないことを考えると、たいへん貴重な史料といえる。なお、柚木氏によれば、「入船帳」とは、船番所とか沖ノ口番所とかで入港船をチェックし、諸税を徴収するために権力機関が作成したものと説明されているが、この「土崎湊歳々入船帳」は、明らかに付船業者が作成したものである。

この史料の貴重な点は、大坂を中心として、土崎を訪れた船を、その船籍の地域別にまとめていることである。すべてを表示できればよいのだが、かなり複雑で大きなスペースをとるために、ここでは地域を大きくまとめ、五年きざみでまとめてみた。五年に特別な意味はない。①は関西地方で、具体的には大坂・堺・西宮・神戸・兵庫、②は中国・瀬戸内地域で、淡路島・播州・伊予・芸州・長州、③は九州で豊前・豊後・肥前・肥後、④は北陸で、越前・佐渡・能登・越中・越後（なお、（ ）内は特に越後船を示す）、⑤は酒田・本庄・能代などの近隣の湊、⑥は津軽・南部・仙台などの東北地方、⑦は、松前・江差・箱館の蝦夷地をまとめてある。このほか、武州・遠州・尾州など太平洋側の関東、ならびにそれ以南の地方の船の入港もあるが、表示はしていない。地域だけ見れば、日本全国に及ぶ。

このように、魅力的な要素をもつ「客船帳」（「土崎湊歳々入船帳」）であるが、難点もある。それは、ここにあらわれる数値が全体のごく一部を示すにすぎないということである。先にも書いたように、付船仲間は廻船問屋の支配下にある。この帳簿を作成した付船業者（長浜屋家）もいずれかの廻船問屋の差配下にあったはずである（その問屋名は不明）。廻船問屋の扱う廻船も、その湊に入る廻船全体の一部であるが、その配

年　　号	西　暦	①	②	③	④	⑤	⑥	⑦
宝暦10～明和１年	1760～64	36	27	18				
明和２～明和６年	1765～69							
明和７～安永３年	1770～74							
安永４～安永８年	1775～79							
安永９～天明４年	1780～84	12	4	2		3		
天明５～寛政１年	1785～89	22	16		8			
寛政２～寛政６年	1790～94	26	27					
寛政７～寛政11年	1795～99	12	11	2				
寛政12～文化１年	1800～04	8	10	7	(5)			
文化２～文化６年	1805～09	13	12	5		11		4
文化７～文化11年	1810～14	15	12		6 (2)			
文化12～文政２年	1815～19	5	12	1	46 (38)		3	4
文政３～文政７年	1820～24	7	6	16	55 (54)		4	2
文政８～文政12年	1825～29	4	22	7	16 (11)			3
天保１～天保５年	1830～34	16	26	7	60 (52)	6		8
天保６～天保10年	1835～39	10		2	20 (9)		1	5
天保11～弘化１年	1840～44	39	34	13	29 (12)	7	5	10
弘化２～嘉永２年	1845～49	34	11	1	64 (59)	12	6	12
嘉永３～安政１年	1850～54	14.	7	2	49 (40)	25	15	19
安政２～安政６年	1855～59	28	10	4	84 (64)	30	7	19
万延１～元治１年	1860～64	9	5	5	60 (48)	69	8	11
慶応１～明治２年	1865～69	9	5	1	232	80	46	42

下にある付船業者が扱う廻船は、さらにその一部ということになる。つまり、ここからは、土崎湊の全体相は見えてこない。また、積荷の内容も、記載されているケースはかならずしも多くない。それでも、子細に見ていくことによって、一定の傾向は読みとることができるところもある。

まず、関西地域からの廻船は、全時期にわたって見られるが、やはり近世後期に多くなる。全時期にわたって見られるといっても、大坂の場合、明和元年（一七六四）から天明九年（一七八八）までの十七年間、一船もない。これは、長浜屋家が扱った大坂船がなかったのであり、この間大坂からの土崎湊への入港が全くなかったのではない。たとえば、文政六年、長浜屋家が扱った廻船は二二艘である。前回紹介した入船数の表では、同年の総数は七五二艘である。「客船帳」にあらわれる数値はごく一部だというのは、このようなことである。

とはいえ、同史料の数字の極端な変化は、やはり日本海海運の変化を反映していると言えるだろう。また、関西や瀬戸内の廻船の場合、「御用船」が多いということが指摘できる。御用船とは、秋田藩が公式に雇った船ということで、蔵米と長崎御用銅を運んだ。「歳々入船帳」では、御用船の場合、粗雑ではあるが佐竹家の家紋である「五本骨扇」を記しているのでそれがわかる。したがってこれらは北前船ではない。御用銅は能代からの出荷が多いが、土崎からの出荷もある。だが、積荷として記載されているのは米である。

表中のもっとも大きな変化は、一九世紀の初頭以降、北陸地方の廻船が一気に増加することである。（ ）内の数字でわかるように、とりわけ越後船が増加するのであるが、時期によっては能登の船も少なくない。この表のデータだけですべてを判断することはできないが、柚木學氏の研究を援用するならば、北陸地方の船持衆が、近江の大商人が支配する運賃積の船主・船頭から、買積船の船主・船頭へ自立していく傾向が顕著になったことと、それと並行して蝦夷地産物の流通機構の変化があったことを反映していると考えられる。それは、日本海海運をめぐる大きな変化であった。

さらに天保期をすぎると、蝦夷地からの入港も増加する。津軽船などを加えると、この段階でもう一つの流通構造の変化があったと読みとることができる。これらの船々は、いたって小規模であるが、北前船などそれまでの流通構造を離れた立ち位置から、東北地方への産物流通を意図しているように思われる。これらの小船は、この時期になると、北前船以上の活躍をしたのである。

廻船問屋・小宿・付船仲間

湊には、他国から入ってくる廻船やその乗組員たちを相手に商売をする廻船問屋、小宿《こやど》、導船《どうせん》、付船たちが多数存在していた。時期によってその数には異動があるようだが、文政十一年（一八二八）段階の土崎湊の場合、問屋が一二軒、小宿が一八軒（文化十年では二〇軒）あったことが、「御用記先例書《ごようきせんれいしょ》」（県公文書館）という史料で確認できる。導船は、文化一〇年の段階で一七軒であった。

なお、一般にもよく知られている『東講商人鑑《あずまこうあきんどかがみ》』（無明舎出版）の土崎湊の項では、「廻船問屋」が一〇軒、「廻船小問屋」が一六軒を確認できる。この「廻船小問屋」と表記されているのが小宿であろう。「御用記先例書」の記載と、数においてもほぼ一致する。『東講商人鑑』では、このほか、「附船」が九軒、「導舟」が九軒とある。導船は水先案内を役割とする小船で、入航した船を安全な場所へ導く役割をはたす。付船は、岸から離れて停泊した他領船と岸を、物資や人を乗せてつなぐ役割をはたす。

問屋は主に入湊する船の揚荷・積荷の売買や斡旋に携わり、その仲介の手数料を口銭《こうせん》として受け取っていた。ある廻船が、特定の問屋の世話になると、その関係は固定し、次に湊に入航したさいもその問屋の世話になるという慣行が全国的に成立していた。小宿は、それぞれの廻船の水主《かこ》（船頭以外の乗組員）らに宿を提供することをなりわいとしていた。以上は、問屋と小宿についての一般的な説明であるが、土崎の場合、『秋田県の地名』（平凡社）は、「問屋は商人・仲買との直取引を禁止されている保管機関で、小宿は予約注文品や地方商人の委託商品などを船手輸送に頼み、水揚げの時、船手と商人・仲買との取引を媒介するものであった」と説明している。この説明はたいへんわかりやすいが、しかし本当にそれで説明がつくのかどうか、疑問がないわけではない。

それは、以下の通達に見るように、小宿の商売にも制限があり、問屋が商品に関わることがかならずしも禁止されていたとは言えない様子が窺われるからである。また、この二つはまったく別種の業者であったわけではない。立場的には、小宿は、自分たちの仲間をつくっていたが、問屋の支配下にあり、その許可がなければ勝手に株立《かぶだて》はできなかった。また、小宿の業務は、子細に見るとその土地々々で異なっていたようであり、土崎湊では、ある程度の積荷の売買も許可されていたようである。それは、付船も同様である。

この問屋と小宿がどのようにして成立し、いかにしてそのような力関係になったのかを具体的に示す史料はない。ただ、能代についてはわずかだが、その成立事情を推測させる史料がある。それは「木山方《きやまかた》以来《いらい》覚追加《おぼえついか》」という史料に採録された、天保二年の「能代問屋共より往古以来御材木捌方書上之事」と題された史料で、『能代市史・資料編近世二』にも収録されている。これによると、能代では材木を主とする他国との交易は慶長九年（一六〇四）以来行われていたが、元和五年（一六一九）に藩の指示で、交易に関わっていた者のうちの有力な者二名が「仲立役《なかだちやく》」という役に就任したという。一七世紀の前半には、他国との交易に関わる業者は二十三人ほどいたが、藩は、御直山から伐り出された材木の販売をすべて「仲立役」に独占させることにした。このころには、おそらく「仲立役」もその数を増していたと思われる。さらに寛文六年（一六六六）には、藩は、御材木だけでなくすべての出入商品の販売を「仲立役」に独占させることにした。さらに元禄元年（一六八八）から、この「仲立役」を問屋と称することにしたという。

簡単に記せば以上だが、当然そこには同業者の中での力関係の綱引きがあっただろう。このことから推測すると、土崎湊においても同様のことが考えられる。すなわち、まずは他国船との交易に携わる業者がいて、湊を維持する役割をはたしているが、次第にその数が増えてくると、当然同業者の間で利害の対立が起こる。そのさい、力関係で優位の者が藩と結びつき、利権の独占を図る。藩も、運上金などなにがしかの収入を見込み、また流通機構の整備のためにそれを認可する。こうして、利権を持つ者とそこから排除されつつも、それに依存して従来の営業を続けていくものとに分かれていく。そして、結果的には、業務を分担することによって、海運業に関わる存在としてその営業を続けていく、ということになったものと考えられる。

先に、小宿は廻船問屋の差配下にあったと書いたが、それは、たとえば藩の、小宿仲間への通達のなかに、「其方ども家業躰《てい》の義は、元来問屋どもより授与いたし置き候株形《かぶなり》につき、万端差図を得《え》、取扱来候趣に相聞え候」（文政八年）とか、「小宿家業の義は先年よりすべて問屋へ附属いたし候事」、あるいは「家業の儀についての諸願は、惣じて問屋をもって申し出ずべき事」などと表現されていることから了解できる（以上書き下し文。文政十一年。「御用記先例書」8—51）。

また、問屋と小宿が、それぞれ一定の積荷売買の斡旋に関わっていることは、小宿仲間から藩に提出された願書のなかに、「御見聞あらせられ候通り、湊御町の義は問屋ならびに私共（小宿—注金森）諸品捌口銭をもって家内扶助つかまつり」とあり、また「下り荷諸品口銭の儀は、是まで荒物類は代銀高へ三歩、木綿・繰綿類は二歩」などとあることから指摘できる（文政八年。同上）。この段階では、小宿仲間は二一軒存在していた。この文政八年の願書で小宿らが主張したことは、湊の積荷の売買やその斡旋は問屋や小宿にまかせられているはずなのに、「近年ははなはだ不埒になり、仲買人や株をもたない者がわずかの口銭を取って積荷の売買を斡旋し、客船を相手にすることはいうに及ばず、仙北や下筋の商人たちと勝手に商売を進めているため、自分たちの商いが不振となっている」という実態であった。仲買については、三二人とあり、それ自体すべてが禁止対象であったわけではないが、無株（問屋の許可を得ない無権利）の者が多く参入してくることによって、小宿の利権が侵害されているわけである。これは、一定の形をもって商品流通を統制しようとしてきた藩の体制がほころび始めていることを示してもいる。

付船業者も仲間を作り、その世話役である格年役《かくねん》も置かれていた（これは小宿も同様である）。付船は、本来船が停泊している間、その積荷を陸まで運んだり、逆に陸から本船に売却する荷物を運んだりする役割をはたし、やはり問屋の差配下にあり、その賃銭は問屋から支払われた。付船仲間からは、その支払いの遅滞をめぐってしばしば問屋への苦情が出されている。文政五年の史料によれば、「付舟」が一七人、「付舟頭」が五〇人と出てくるが（「御用記先例書」5―45）、これは、付船業者が一七軒あり、それにかかわる船乗りが多数いたということであろう。この付船業者もある程度の積荷の売買に関わる権利を持っていたことは、「付舟の儀は下り物の内、荒物類売り捌かせ候節、浜中買と中候ものは付舟より買請候て諸品取捌候」とあることから指摘できる。これによると、取り扱う商品は荒物類に限られ、米や木綿・綿・古手など、大量に移出入される物には関わることができなかったことが推測できる。また、ここで仲買が登場しており、これは、この文章による限り、付船業者から買い取ることが定められていたようにも読みとれる。このほか、「穀物中買」という者もいて、これも「問屋手先家業」であるとされている（文政十一年。「御用記先例書」8―47）。つまり、小宿や付船業者にも一定の積荷の売買に関わる権利が与えられていて、そのほかに仲買という業者も認められていたということで、なかなか複雑である。

なお、導船会所は新城町《しんじょうまち》に置かれていた。そのため、穀保町《こくぼちょう》から必要があって導船の要請があった場合などは時間を要し、そのため入湊した舟手に迷惑がかかるので、沖出しが必要な時期には穀保町にも会所を設置するよう、要請が出されている。導船数は八〇艘登録されていたが、そのうち三〇艘が稼働できない状態で放置されているとし、藩は、もしそれを使用しないのであれば、その焼印を引上げ、問屋を通して他の者に仰せつけるとしている（「御用記先例書」4―48）。株札をあたえられていた導船は、その具体的規模は不明だが、「大船」四六艘、「中舟」二六艘、「小舟」八艘となっている。稼働しない導船にはそれなりの理由

土崎湊諸番所之略図（秋田県公文書館所蔵）（中央に多数の導船が並んでいる）

があったろうが、一つはその作事料が一年間に一〇〇〇貫文もかかるということがあった。藩は、できるだけ本来の数に復帰させることを求めているが、それだけ導船の需要があったということだろう。

しかし、この導船に対して、一九世紀に入ると、強力なライバルが登場してくる。川崎舟《かわさきぶね》と呼ばれる漁船がそれである。「御用記先例書」には、「入船の節下り物取立の義、導舟・川崎共差し出し来候所、このたび相改め、導舟さし留められ漁舟川崎一ト通ニなし置かれ候」として、川崎船の導船活動を優先し、町奉行支配下であった川崎船を、勘定奉行支配下である沖口役所の支配下においた。川崎船とは、「カワサキ」と称され、蝦夷地の追鱈《おいたら》漁に活躍した漁船である。その全長はおよそ一〇m前後とされ、帆を用い、六人前後の乗組みが可能であった。導船の「大船」がどの程度の規模であったかわからないので断定はできないが、おそらくその収容量については通常の導船を上回ったのであろう。また、しばしば、藩が指摘しているように、導船仲間の対応が悪く、入港した廻船に多大な迷惑をかけているということもあった。このような藩の決定に導船仲間が素直に従ったとは思われないが、この問題がどう展開したかは、筆者はまだ明らかにし得ていない。以上、これまであまりふれられることがなかった土崎湊の様子について、知り得た史料を用いて書いてみた。自分でも不勉強な分野であり、不十分きわまりない一文であるが、これがきっかけとなって土崎湊の研究が進めばよいと思っている。

沖口の統制

秋田領内のふたつの湊（土崎・能代）では沖口《おきのくち》役所が置かれ、出入の物資がそこで厳しくチェックされたというイメージがあるが、どのような役人や係が置かれ、実態がどのようなものであったかということは、案外知られていない。今回は、このことについて書いてみたいと思う。前項と同じく、知り得た史料によるノートの断片である。

まず、商品の移出入に関わる藩の姿勢は、厳格というスタイルからは程遠いものであった。たとえば、文化二年（一八〇五）に出された法度では、次のように述べている。

沖の口出入については、（中略）場合によってはたいへん些細なことについてチェックされ、他国からの商人の評判もよくないと聞く。たしかに取り扱いを弛めれば以前のようにいかがのことにもなるが、結局は、旅人や水主《かこ》など身分の低い者であってもわが湊の客と心得て、諸事客の迷惑にならないよう心を尽して取り扱うことが必要である。

つまり、あまり出入のチェックを細かくすると、当湊にやってきた他国の者たちが迷惑するので、彼らのことは当湊への客と考えて対応するように、というのである。これは、藩にとってはなかなか難しい問題で、統制を弛めすぎれば、抜け荷のような行為が横行し、さりとて厳しくすると領内の湊への入港が減るという恐れを抱いていたのである。だから藩は、水主などが少量に持ち込む分については彼らの〝ほまち〟と考え無役にするよう、出物については三二品目、入物については八一品目のリストをつくって通達している（「御用記先例書」4―48）。藩も、湊の振興を進めるうえで、厳格主義だけではやっていけなかったのである。これは、どこの湊でも共通する事情であったろう。

しかし、そうは言っても、流通機構を正しく維持するために統制は必要である。そのために、藩はどのような役人や係を置いたのか。沖口統制のために藩は、勘定方の統括下に川方という部門を置いていた。この川方について、文化二年（一八〇五）に一定の改変が行われており、そのところに、どのような役があったのかが記載されている（同前）。

同史料には、文化二年、勘定奉行小野崎主馬が、湊出入役所に詰めていた詰合吟味役杉山兵右衛門に、先に述べた内容の通達をしている。ここに出てくる「詰合吟味役」とは勘定吟味役の一人と考えられる。さて、この通達は、杉山を通して、「川方支配人」と呼ばれる三人に伝えられるのであるが、この役は、この文化二年の川方改革で廃止されるのである。

廃止の事情を見てみると、「川方支配人へ手代ども進退ともに任せおかれ候ところ、取扱不行き届き……数十人の手代ども取扱い行き届き申まじく候あいだ、支配人相やめられ、諸士の内本締役仰せつけられ申すべきや」とある。この川方支配人は三名おり、いずれも商人であった。彼らがその手代たちを使い、沖口の出入のチェックにあたっていたのをやめ、諸士＝久保田給人から選抜される本締役《もとじめやく》を置いたらどうか、という内容である。つまり、民間人を選抜してあたらせていた仕事を、藩から派遣される武士が行うということである。結果的には、以下のような内容が決定された。

まず、**川方支配人**は廃止され、新たに**川方本締役**三名と同見習役二名の、計五名が置かれることとなった。

いずれも諸士である。五人の役割は、湊出方担当が一人、入方担当が一人、銀方担当が一人、残り二人は能代詰である。見習役などと言えばあまり聞き栄えがしないが、この時その役に就いた成田忠五郎は、のち勘定奉行として大坂詰を経験しているから、実務的には重要なポストであった。

諸士から選抜されて置かれた役としては、このほか船調《ふなしらべ》が二人いた。これは「船調諸士」と出てくるので、諸士があてられた役であることは間違いない。ただ、文化二年の改正まではこれに手付足軽が二人配属されたが、同年の改正で足軽は引上げとなっている。職務の内容はその名称が示すように、入港する船に乗り込んで吟味することである。ただし、これについても藩は、「惣じて舟調はかどり向々迷惑これなきよういたさるべく候」という指示を出して、迅速に調査を行ない、「瑣細の儀は咎めにおよばず」として、旅人＝入湊者への配慮をみせている。

土崎湊詰支配目付も諸士があてられた。三人である。この内一人が沖口役所詰で、他の二名は収納方担当、差上米方担当となっている。沖口役所詰の職務内容は、沖口役所をはじめ各番所に詰める諸役の勤務状況の善悪を見届けることである。また、他領から上陸した者と役人とのトラブルの防止、沖出入の品を時折検分することも含まれた。他の二人は、収納米や差上米の造俵の様子の審査とその収納状況の把握である。

この支配目付と似たような役職に**横目役**という役があり、これは一人である。役割は、「諸番処日々廻り旅人気受けニ相拘り候儀惣じていかがの取り扱いこれあり候はば差掛り候儀は指図いたし、追て吟味役・本締役へ申し聞けらるべく候」というものである。基本的には、他国のものが、沖ノ口関係の事柄でトラブルを生じないよう、諸係を監察する役割をもっていた。この点で沖ノ口詰の支配目付と役職が重なる部分も出てくることになるが、詳細はわからない。

このほか確認できるのは**相検役**《あいけんやく》である。「相見役」とも書かれる。これが、八人置かれている。これまで見習を含めて六人であった。これは、広く各番所に配置されている。銀方担当が一人、上新・中新番所詰

（兼務）が一人、上番所詰が一人、中番所・下番所詰兼務が一人、出方入方手伝が二人、戸賀・船川番所兼務が一人、能代詰が一人である。彼らの仕事は、番所に詰めて商品の出入の審査に立会い、さらに「いずれも番処引き取りの上本締役ニ属し、御勘定取り纏め申すべし」とされるように、出入勘定の算出と確認にもあたった。

次に、**調役**というものがあり、三五人置かれた。文化二年以前は四二人であった。三五人中七人は能代詰である。このほか、戸賀詰が二人、船川詰が二人で、十三人が土崎湊詰である。このほか、内役が七人で、計三一人となる。しかし、史料はここまでを計三〇人とし、残り四人を非番としている。史料の記載ミスかもしれないが、私に読み違いがあるのかもしれない。土崎詰は、上番所三人、中番所二人、下番所二人、青山番所二人、上新番所二人、中新番所二人である。内役というのは、船調役や相検役の手伝い、雑用、台所役などである。基本的に、積荷の検査や船内の吟味などにあたった。

最後は、**夜廻役**である。これは一二人で、文化二年以前は一四人いたとある。一二人のうち、七人が土崎湊詰、五人が能代詰である。これは、その役名が示す通り、夜中番所から番所を巡回する役割である。

以上紹介した役職のうち、相検役以下は、すべて武士以外から雇われた者たちであると考えられる（合力などの給与を記した部分に苗字が記載されていない）。このほか、宮仕子供《きゅうじ》五人（土崎四人、能代一人）、下男十一人（土崎七人、能代四人）が置かれていた。下男は、不寝番、飯炊き、各番所の炭や水、寝巻などの手配であり、宮仕子供はその手伝いのような位置づけだろう。

以上、「御用記先例書」にしたがって、沖口関係の諸役についてまとめてみたが、具体的に不明な部分がまだ多い。番所の場所にしても、具体的に現在のどのあたりにあたるのかもつかみきれていない。これを機会に関心が高まってくることを期待している。

両湊を支えた二つの「澗」

今回も湊の話を書きたい。藩が、意図的に湊と区別して「澗」（ま）と呼んだ場所がある。戸賀《とが》と船川《ふながわ》である。この場合の湊とは、言うまでもなく土崎と能代をさす。藩の制度上、他国船が出入りし、商売を行う場所はこの二か所に限られ、それ以外に湊は存在しなかったということである。

しかし、この二湊《にそう》は、良港としては決定的な欠点をもっていた。これまでも指摘してきたことだが、遠浅であり、砂が海底に入り込み、大きな廻船が岸近くに寄せるのが難しかったことである。

そうした二湊の欠点を補ったのが、戸賀と船川であった。幕末の慶応年間に秋田を訪れた上方商人がその紀行文に、船川は、船宿が一〇〇軒ばかりあり、土崎湊への入港を待つ船が多数ここに停泊していると書いている（県公文書館「出羽の道わけ・三」）。船川も、他国船で賑わった場所だったのである。

しかし、藩は当初よりこの二つの場所をそのような役割をもった所として整備したわけではない。むしろ、他国船が入航すれば制度を無視した物資の出入が行われる可能性があるから、二湊の利益保護の観点からそれを禁止するスタンスであった。しかし、現実は、先の「出羽の道わけ」が船川を「宜《よろしき》碇泊所なり」と評したように、土崎や能代をめざしたにもかかわらず、即時の入港ができずに沖合で待たなければならない廻船は、船の安全保持のためにも、船川と戸賀をめざしたのである。

こうなると、藩もそれを認めることが現実的な選択となる。藩は、これを湊と区別して「澗」と称した。

しかし、船が入れば、どうしても商行為が発生するのは止められない。そこに、二湊と二つの澗との間に利害の対立が生まれることになる。

前回まで利用してきた「御用記先例書」の二巻に、土崎湊問屋が、戸賀と船川のありかたをめぐって藩に訴え出た訴状が収録されている。まず、それを見てみたい。長いので要点だけ紹介する。訴状は、まず自分たちの生計が他国船や物資の出入に預かって成立していること、それは藩の御威光によるものであることを語ったあとに、次のように述べる。

以前から当国の湊廻船交易のことは当地（土崎）と能代に限られており、領内の海岸沿いには澗がいくつかあるが、荷物の積み入れは行わないことになっている。そのような物がある場合は、我々に連絡し、我々からお上に申し上げたうえで取り扱う取り決めである。戸賀・船川の澗宿は元来百姓たちであり、このような澗宿が廻船の交易に関わってはならないことは、諸国一統に決められていることである。

これは、文政十年（一八二七）に出された訴状である。このような主張が出てくるということは、当然戸賀や船川での商行為が公然と行われていたということを示している。しかもここに言われているように、澗《ま》宿《やど》を経営しているものはもともと農民であるから、そのような権限もないはずの者たちなのである。訴状はこのあと、具体的なことに触れていくが、この訴状が、その主張の根拠として示したのは宝暦六年（一七五六）（あるいは十二年かと執筆者自身が注を付している）の布達であった。ちょうど銀札仕法が執行されていた時期であり、戸賀・船川・小浜・北浦の四か所に銀札役所から手代を派遣し、「澗役《まやく》」を取り立てるというものである。そのなかに、次のような箇条がある。

土崎と能代は沖ノ口が浅く、船足が深いために入航できない船がある。陸付けして荷物を引き揚げるために戸賀と船川に入る場合は、土崎と能代のいずれかの問屋に連絡し、問屋は連絡を受け次第現地へ出かけて荷揚げさせ、役銀を受け取ること。問屋からの許可状がなければいっさい荷揚げしてはならない。

この部分は重要である。土崎と能代の湊としての弱点が指摘され、しかも二湊《にそう》への入港待ちではなく、直接陸揚げすることを目的として当初から戸賀と船川へ向かう廻船があったということが語られているからである。（なお、ここで「船足」といっているのは、船のスピードのことではなく、船の沈む度合のことを示す。荷物を積めば沈む度合が深くなるが、その限度を示す印が、船にはつけられていた。これを船足といった）。土崎の問屋たちは、この法令を根拠として自分たちの主張を展開していく。それは、この訴状が出された段階では、もはや二湊への入港を待つための役割をはたすだけではなく、完全に湊と同質の交易が行なわれていたからであろう。訴状は次のように続けている。

近年来鰊干鰕《ほしか》が大量に産出されるようになった。そのため他国商人たちは、戸賀と船川の澗宿にこの鰊干鰕を取り扱う組をつくらせ、春中に同所に船を乗り入れて干鰕を積込ませているという風聞もある。また、大豆や小豆などの雑穀類を積込んでいるという話も聞く。そのため、雑穀や荏粕《えかす》などは湊に陸送して沖出しする定めであるのに、いっさい湊には送られてこない。本来澗宿というのは、二湊への入港を待っている船の乗組員の世話（食糧程度の米を提供したり風呂をつかわせる）をしたりする程度の役割のはずである。たしかに、文化年中に制度の改正があり、雑穀や干鰕類を少しずつ沖出しすることを許されたが、そのころは干鰕の生産もいまのように大量ではなかった。しかし近年、干鰕の生産は大規模なものとなり、今では両所から直接大量に積込む船もあとを絶たない。穀物もこれにならって自然にその規制が弛んでいくだろう。

以上のため、「私共小宿にいたるまで一統衰微」となり「暮し方も行きかね困窮」するような状態である。よって、宝暦年中の規定通り、両所での干鰕や穀物の沖出しはぜひとも禁止し、自分たちの家業が立ち行くようにしてほしい、というのが訴状のあらましである。

問屋や小宿が、戸賀と船川の澗宿の活動のためにただちに「私共小宿にいたるまで一統衰微」「暮し方も行きかね困窮」したとは思われないが、交易の実態としてはそのような方向にあったのであろう。また、問屋たちも、自分たちが要求しているようにすべてが以前の規定通りになるとは考えていない。要は、現在よりも自分たちの徳分が改善されることが目的なのである。なお、文化年中に、いくらかの干鰕の移出が両澗に認められたという点も注目されるところである。

藩は、この問屋たちの要求に対して、取り扱う商品の口銭《こうせん》（問屋が澗宿から受け取る手数料）を改めて決定し、戸賀と船川にその請書を提出させている。入物として認められていたのは、「伴継」（継ぎ当ての着物か）・織糸・下古手・下解物（縫い糸を抜いてほどいた着物。「下」は質の良くないという意）・帆蓙・下古綿・鯡・塩である。それぞれ一定の量ごとの口銭が定められている。出物は、穀物と干鰕だが、干鰕には、鰰干鰕・ちか干鰕・鰯干鰕・鯵干鰕・鯖干鰕などがある。干鰕とは、魚を干して作られた肥料で、商品作物用に重用され上方に移出された。通常は鰯で作られ、干鰯と書く。以上のほか簀《すのこ》干鰕というのも記されているが、これはよくわからない。このほか、「ぶりこ」（鰰の卵）も移出商品となっている。これらの品々の口銭を確定記載されたあとに、戸賀・船川の船宿たちの守るべき条項が記載され、両所の船宿仲間から請書が提出されている。宛先は、土崎・能代の両湊問屋仲間である。移出品代金のすみやかな受け渡し、澗役及び口銭の支払いなどのほか、次のような一条が記されている。

前々仰せ渡され候とおり、船手ならびに在方などよりいかが体の願いこれあり候とも、隠し上げ、隠し積みならびに御定め所のほか毛頭《もうとう》取扱い申すまじく候。惣じて船手取り扱いなりの儀心得違いこれあり候ては両湊問屋のおちどにあいなり、勿論舟宿中いかが体仰せつけられ候もはかりがたき事に候あいだ、相互に吟味をとげ万事心得違いこれなきよう、きっと取り扱い致さるべく候。

形の上では二湊の問屋の配下に置かれたことがわかるが、目配りがどの程度行き届いたかは疑わしい。前回書いた中に、戸賀・船川詰となった川方の係役人がいたのはそのためである。また、在方からどのような申し出があっても違法なことはしないとあるが、このような文言があるということは、実際には行われていたということである。両所とも支配は郡方であり、二湊と比較すれば、交易の脱法行為は比較にならないほど容易であったろう。

以上見てきたように、藩のテコ入れさえあれば、戸賀と船川は良港として発展する可能性もあったのである。しかし、住人たちは身分的には農民であり、地域も都市化する要素の少ない農村であった。それを一転して交易を主とする湊に開発するという発想は藩にはなかったろうし、また経済的・技術的にも困難であったろう。しかし、街道沿いの寒村にすぎなかった横浜が、開港を契機として発展していったような可能性を考えてみるのも面白い。今回のタイトルは「土崎・能代を支えた澗」としたが、内容は、「おびやかした」というようなものとなった。しかし、この二つの澗の存在があって、多くの廻船が両湊に入航したことは事実であり、大きな観点からみれば、二つの湊を支えたのだと考えたい。

「秋田風俗問状答」翻刻本の不思議

昨年、無明舎出版の安倍さんからの依頼で、『翻刻《ほんこく》・現代語訳　秋田風俗問状答』を上梓することができた。当初は、細かい注釈は一般の読者にはじゃまになるものと考えて付けないつもりであったが、現代語訳していくと、どうしても語句そのものを生かさなければ、原文のニュアンスが伝わらず、かといってそのままでは意味がよくわからないところがあって、結局注を加えることになった。レイアウトの関係で、文字が小さく読みにくくなってしまったのではないかと思う。

さて、依頼を頂いたことは光栄であったが、特にこのことについて詳しく研究したことがなく、また民俗学的なことは素人同然であったから、当初解題は、内容を簡単に解説した程度の、通り一遍のものになるはずだった。この時点で、私の手元にあった諸本は、秋田県公文書館所蔵のもの（秋田県立秋田図書館旧蔵）、大館市立中央図書館の真崎文庫本、そして安倍さんから渡された内閣文庫本（乾・坤からなる二冊本）の三点だった。ところが、調べていくと内閣文庫には附図一冊を含む五冊本があることがわかった。私はこれを見ていなかった。しかし、私は週三日仕事をもっており、またある自治体史の仕事もあったので、当初はこれを見ることは諦めていた。というよりも、内容はほとんどかわらないものと安易に考えていたのである。

ところが、翻刻・現代語訳を終えて解題も書き、安倍さんからの了解を得た後、妙にこの五冊本が気になりだした（以下、便宜上、内閣文庫二冊本の方をA、五冊本の方をBと表記していく）。というのは、「秋田風俗問状答」の編者とされる那珂通博《みちひろ》の跋文《ばつぶん》（あとがき）があるのは、このBだけだからである。これを見ないで解題を書くのは、嘘を書くわけではないにしても、なにか誠意に欠けることのように思えたのである。

第一回目の校正原稿を読んでいて、その思いはますます強まった。そこで、思い切って現物を見に行くことにした。内閣文庫は、現在国立公文書館にあり、建物は竹橋にある。現物を見ないことにはなんとも言えないが、通常であれば一日で作業（写真撮影）は終わるはずである。上京した日は懐かしい高田馬場で一泊し、次の日朝一番で公文書館に入り、作業を終えて〝こまち〟で帰ることにして出かけた。その結果、このBだけが、他の諸本と異なるところが多いことがわかった。しかし、すでに校正が最終段階に入っていたから、全面的な書直しはできない。頁数を増やさないという条件で、一節だけ全面的に書き直したのが、このたびの拙著の巻頭に載っている解題である。

というわけで、この解題にはもっと書かなければならないことがあったのだが、最低限のところで収めてある。要は、多く流布している諸本や写本と比較すると、表現方法がBのみ著しく異なるのである。その要点は、拙著の解題に記した。ここでは、違った観点から問題点を指摘したい。

AとBの最も違う点は、「三月雛祭の事」という項目の、能代における「傾城調《けいせい》べ」という部分の記述である。この部分を以下にあげて比較してみよう。

まずAから（片仮名の部分は平仮名にかえ、濁点を補う。［　］の部分は割注）。

この日能代の津の傾城年礼にあるくなり、是は此津の飯盛ともは、九月の節句までにてそれより引こもり居、この日より出ることに候［来船のために置く事故舟間は禁る也］。柳町とてこれらの居る町を年礼つとむるにて候。四日には傾城しらべとて住吉の社の境内にある長床とて、池に臨みし広らかなる亭へ町々の庄屋・町役人も出て、遊女どもこゝはれと出たち居、こぼるゝまで集り、三弦ひきてうたふ。

これを三役ふるまひとて酒肴を具す。そのうたふうたは、まがき・とつか・きゃらぶしとて三曲あり。

声はすれども姿は見へぬ　籠の鳥やらうらめしや
紅葉山にて鳴鹿よりも　しつか心のうらめしや
さえつおさへつうけさかつきに　ともによろこぶふしもよし

次は、Bである。書出しはほとんどかわらない。「四日…」以降が異なる。

四日には三役振舞とて住吉の社の境内にある長床とて池に臨みし広らかなる亭へ、庄屋・宿老・町代の三役出て酒肴を具す。遊女どもこゝはれと出たち居、こぼるゝまで集り、三弦ひきてうたふそのうた、とつか・まがき・いろかの三曲あり。

四海なみ風おさまる御代は　さゝれいはほにかめあそふ
いつの月日に逢なれそめて　今はおもひの種とれる
野こへ山こへ里うち過て　来るはたれゆへそさまゆへ
紅葉山にてなく鹿よりも　しつかこゝろのうらめしや
逢た見たさはとびたつばかり　籠のとりやらうらめしや

「傾城」というのは遊女のこと。能代の柳町《やなぎまち》は、同地で唯一遊女屋の経営が許されていたところで、天保十三年（一八四二）年に能代を訪れた上方の落語家船遊亭扇橋は、八軒の遊女屋があり、三階造りの建物もあったと書いている（「奥のしをり」）。

ところで、現在流布している翻刻本は、管見の限りではすべてAの記載になっている。これまで「問状

答」を翻刻した主な刊行本をあげると、

①田中俊次『風俗問状答』（大正十三年‐一九二四‐、郷土趣味社）

②『秋田叢書』第4巻（昭和五年‐一九三〇‐、秋田叢書刊行会）

③中山太郎『校註諸国風俗問状答』（昭和十七年‐一九四二‐、東洋堂）

④『日本庶民生活史料集成』第九巻（昭和四十四年‐一九六九年‐、三一書房）

以上である。なお、『新秋田叢書』第四巻が所収する「問状答」は②を底本としたものである。

さて、①は、柳田國男を含む複数の人の手を経た筆写本を底本としたもので、原本となる史料にはあたっていないようである。③は、その解説のなかで、「幸ひ通博の自筆本〔本文四冊、外に附図一冊〕が内閣文庫本に存在するので、それを底本とする」とはっきり書いている。したがって、翻刻文の中には、那珂通博の「跋文」も載せている。④は、平山敏治郎氏の解説であるが、「底本は秋田図書館本により、内閣文庫本によって校訂増補した」とある。ここでいう「秋田図書館本」とは、現在県公文書館が所蔵するもので、那珂の跋文はない。ところが、④には那珂の跋文が乗せられているから、「増補」というのがそれにあたるのだろう。②は、底本を「秋田図書館本」としている。当然、那珂の跋文はない。

さて、不思議なのは、筆写本を底本とした①、および「秋田図書館本」を底本とした②は別として、Bを底本としたという③と、それによって「増補」したはずの④が、いずれも「雛祭」の項ではAの文を載せているのである。繰り返すが、那珂の跋文は、Bにしか存在しない。同じ内閣文庫本でも、Aにはないのである。しかし、Bを底本として用いたのであれば、③も④も、「三月雛祭」にはBの文章が入っていなければおかしい。とくに、③ははっきり内閣文庫の五冊本（すなわちB）を底本としたとしているのであるから、Bの文章が出てこなければおかしいのだが、文章全体がAそのものである。

④にも問題はある。④は、底本を「秋田図書館本」とし、内閣文庫本で補ったとしているので、那珂の跋

文がそれにあたるのだな、と了解しかかるのだが、那珂の跋文を含む史料が内閣文庫本に存在しているにもかかわらず、なぜ底本をわざわざ秋田図書館本にしたのだろうか。また、Bで補ったというのであれば、「雛祭」の文もBのそれでなければならないはずだが、内容はAである。もしかすれば、内閣文庫本で補ったとしたとはしているものの、実際にはBを見ず、③によって抜文だけを加えたのではないかと推測したくなる。

②にも、問題はある。それは、拙著の無明舎版『秋田風俗問状答』の解題でふれているが、「秋田図書館本」(現県公文書館本)には、二か所、書写の際のミスと思われる誤記があるのである。②は、この二か所の誤記を、内閣文庫本にあわせて直しているのである。すると、②も内閣文庫本にあたっていたはずであるが、跋文を載せず、また文もAとなっている。②が誤記を訂正する根拠としたのはいったい何だったのだろうか。

拙著の解題でふれたように、内閣文庫AとBの表現には、他にも違いが多い。私は、もっとも違いがわかりやすい「雛祭」の記載で確認しただけなのであるが、③が本当に五冊本を底本としているのかどうかは、他の部分を比較すればなにかヒントが得られるかもしれない。まだそれをせず、とりあえず気になっていたことを書いてみた。いつか機会があれば、五冊本全体の翻刻文を図絵入りで(この五冊本の図絵がもっとも美しい)、なにかの雑誌に発表してみたいと考えている。

『別号録』の松平定信の序文

これは、もしかするとちょっとした〝発見〟かもしれない。いま、必要があって、公文書館で写真本として公開されている「介川東馬日記」を読んでいるのだが、そこで面白い記事をみつけた。内容は、佐竹義和が編著者として知られる『如不及斎別号録《じょふきゅうさいべつごうろく》』によせられた序文について述べたものである。前にも書いたが、同書は、中国の学者たちの人名事典といった内容で明徳館本として刊行された。、完成した時には義和はすでにこの世の人ではなかった。その序文に、幕府の寛政改革の実行者として著名な、老中松平定信《まつだいらさだのぶ》の序文が寄せられているのであるが、〝発見〟と言ったのは、そのことについて述べた部分である。「介川東馬日記」文政十年六月二十六日にある記述である。少し長いので読みにくいかもしれないが、原文を読み下しにして引用する（ルビは金森による）。

天樹院様《てんじゅいんさま》御著述別号録《べつごうろく》此度出来《しゅったい》ニ付、元来拙者も右ニ付品々心配もいたし候事ニ付早々拝見申したく、江戸において奥山九平・岡部新吾等申付持参いたし候趣、拝見いたし候所至極宜出来ニ候。楽翁《らくおう》様の序も出来ニ候。是ハ　天樹院様御繁昌中楽翁様へ御恃《おたのみ》も成し置かれ候よしニ候へとも御出来これなく、長々ニも相成ニ付、拙者八年以前江戸ニ居候時ニ楽翁様段々御老年ニなさせられ候得ハ早く御もらひ置候様仕《つかまつり》たく、いつれ近世の英傑ニ付是非御序これあるものニ候段申候て、田代新右衛門［故也］より谷文晁《たにぶんちょう》へ相頼申上候所御承知ニ候。其節奥羽軍記御覧なされたき御望の趣ニ付、夫《それ》は御国へ申送候所書写出来相達直々御贈ニ相成候。尚御序ノ事追々御才足なされ候へともとかく延々ニ相成、此度いよいよ御出来ニ候。大慶之事ニ候。是を書ハ詩仏ニ候、外ニ栲亭之序これあり、是ハ大田権之丞書き候。詩仏申候ハ、権之丞此節故人ニ相成、右之序認置これある所本の閑よりハ少し大きく、其内へ納り申さず。しかしかき候事ニ付一字ツ、たちはなし少し縮候てよふよふ間ニ合候よしニ候。いつれ楽翁様の御序ハ別段、右の外ハ惣て御家中ばかりニて出来候ニ付別しておもしろく候。北山の序も出来の分これあり候。至極おもしろく候へとも余り御賞挙り過候にて　天樹院様思召ニ叶わせられず候様。其頃御意もこれあるニ付除き可然との事ニて載せ申さざる義ニ候。御本丸　西丸江も御献上ニ被成候積ニて、白線すり・鳴桐箱紫帙へ入れ立派ニ御出来、御老中様へも進められ候積のよし、詩仏申候。追々役々へも拝領ニ相成候はつのよし也。

長年、学館の職員たちが編集にたずさわってきた『別号録』がようやくできあがった、というところからこの文章は始まっている。私が今回注意を促したいのは、特に前半の部分である。前に紹介したが、定信の序文で特によく知られているのは、「つねに予と言論反復せるは、道を修め義を明らかにし、民を撫《やすん》じ俗をよくすることにあらざるはなし」（原漢文）という一節である。これだけを見ると、いかにも義和と定信が普段から政治を論じ、親しくつきあっていたかのように見える。

しかし、介川の上記の部分を見ると、やはりそう簡単にはいかなかったようである。三行目、「天樹院様御繁昌中楽翁様へ御恃《おたのみ》も成され置かれ候よしニ候へとも御出来これなく、長々ニも相成ニ付」というのは、実際に義和公の存命中からお願いしていたが、なかなか序文を頂くことができなかった、という意味である。しかし、完成したのが義和の没後なのであるから、実際に義和が、いまこのような事業をしておりますから完成の折にはぜひ御序文を、と願い出ていたとしても、現物が完成していない以上、定信にしても書きようがなかったであろう。

八年以前に介川が江戸詰であったとき、介川にいわせれば定信は「段々御老年ニなさせられ候得ハ」、早く序文をもらっておいたほうがよいと係りに伝えたというのである。この記事は文政十年（一八二九）であるから、八年前頃には、定信は六十歳ぐらいである。今ならば「御老年」ということもなかろうが、当時としては老境にさしかかっていたと言われても仕方がない年齢である。ちなみに、「楽翁」と出てくるのが、松平定信である。政治からはすでに退いていたが、いずれ「近世の英傑」であるから、この著名人の序文は、なんとしても手に入れたかったのであろう。しかし、当の義和はすでにこの世を去っていた。このままでは、絵に描いた餅に終わるかもしれない、というので、田代新右衛門という人物が動いたことを、介川の日記は記す。

引用部分の六行目に注目すべき記述がある。田代は、谷文晁《たにぶんちょう》に依頼して（何度目の催促であったのかわからないが）、定信自身に催促したところ、定信は「奥羽軍記」（「奥羽永慶軍記」のことか）をご所望だったので、それならば、ということで国元に連絡し、書写したものを定信に贈ったというのである。それでも「尚御序ノ事追々御才足なされ候へともとかく延々ニ相成」というのであるから、著名人から一筆頂くというのはまったくたいへんである。しかし、このことをきっかけとして、依頼が具体的になり、現実のものとなったということらしい。

谷文晁は、江戸後期の画人として、高校の教科書にも出てくるほどよく知られた人で、その名前がここに出てくるのは唐突のように思えるが、実はそうでもない。文晁の父親は、谷麓谷《たにろっこく》といい、定信の実家、田安《たやす》家の家臣だった人である。また文晁は、定信自身の命を受けて各地をめぐり、古文化財の調査を行なってもいる。したがって、ここに文晁の名前が出てくることは、『別号録』に定信の序文があることの不思議さを払拭してくれる事実である。

さて、後半も面白いのであるが、介川の筆がなかなか難物で、正直に言って正しく読めていないところがあるかもしれない。文章をそのまま解釈すれば、定信の序文を書写したのは大窪詩仏《おおくぼしぶつ》であるらしい。また、「栲亭」とあるのは、江戸在中のころから義和の学問の師であった村瀬栲亭《むらせこうてい》で、この人が寄せた序文は、太田権之丞という人物が書いたという。しかし、その文字がうまく紙面に収まらなかったため文字を一字ずつ切り離して枠内に収まるように工夫したと読める。

しかし、『別号録』は版木本であるから、詩仏の筆跡が生かされているわけではない。原稿として大切にするというのであれば、定信の自筆がもっとも価値があるはずで、そこのところの意味がよくわからない。推測すれば、版木を作成する以前に、編者たちの肉筆による稿本のようなものが作られたことが考えられ、そのことを言っているのかもしれない。なお、内容に関して介川に言わせれば、やはり定信の序文のすばらしさは他を抜いているということになる。

面白いのはそのあとで、山本北山《やまもとほくざん》の序文もよくできていたが、あまりに美辞麗句に過ぎ、義和の好みには合わずよせられたとある点である。引用部分にみえる「北山」とは、儒学の折衷学派《せっちゅうがくは》の第一人者であり、秋田に招かれて藩校の在り方の指導にもあたった人物である。村瀬栲亭とならんで、義和の師匠とも言える人物だが、「思召ニ叶わせられず候様、其頃御意もこれあるニ付除き可然との事ニて載せ申さざる義ニ候」というのだから、事実だとすれば、義和も案外人が悪い。

いずれにしても、この部分の内容は、「別号録」の成り立ちに、新しい知見をつけ加えてくれるものである。とりわけ、幕府老中松平定信の序文が採録されるにいたる過程にふれられている点が見逃せない。実態は、定信と義和の距離感を感じさせるものであることが若干皮肉であるが、いつの時代も著名人の推薦や言葉をもらうというのはこうしたものかもしれない。なお、谷文晁と連絡をとったとされる田代新右衛門という人物については詳しいことはわからない。しかし、介川の日記を見る限り江戸定居の留守居だったようである。その子の新右衛門も留主居であったが、数字に強かったようで、江戸定居の留守居役でありながら、勘定奉行を兼務している。秋田魁新報社から出ている『秋田人名大事典』によれば、父のほうは、詩や俳句をよくする文人であったらしい。だとすれば、谷文晁と交流があっても不思議ではないだろう。

男鹿民衆の蝦夷地稼ぎと移住

すでに拙著で書いたことだが、『伊頭園茶話』のなかに、幕末期における男鹿民衆の蝦夷地稼ぎに関する記事が見える。重要な内容なので、ここでも引用しておく。

> 近年男鹿より西蝦夷地の諸場所、奥はリイシリ辺までも行きて鱈を釣る船追々殖えて、元治元年には九十三艘行きて、正月より五月迄の間に金七千両程の漁をせしとぞ。一艘六人乗とぞ。鱈は皆その場所にて運上家へ売る法なり。

筆者の石井忠行《ただつら》は、秋田藩きっての〝蝦夷通〟であり、自身も慶応元年から翌年にかけてマシケ詰を経験しているから、当時の蝦夷地についての知識は豊富であった。上の記述で「諸場所」とあるのは、たんに「いろいろな所」という意味ではなく、蝦夷地に進出した和人商人が漁場を経営するところ、いわゆる場所《ばしょ》請負人《うけおいにん》の漁場をさす。最後の部分で、獲った鱈はその「場所にて運上家へ売る」とあるが、この運上家《うんじょうや》が場所請負人である。つまり、おそらく出漁する男鹿漁民は、特定の場所請負人との契約関係の中で鱈漁に関わっていると推測できる。

西蝦夷地とあるが、マシケ周辺からソウヤにかけての地域が推測される。この地域は、安政二年（一八五五）の第二次蝦夷地幕領化にともない、秋田藩の警備地となった地域であり、マシケやリイシリ・レブンシリは、同六年の蝦夷地分領化にともなって秋田藩領とされた所である。おそらく、ここでいう運上家は、マシケやリイシリを場所として経営していた伊達《だて》林右衛門《りんえもん》家であろう。鱈漁の季節となれば、伊達家のもとでの鱈漁に参加するために出漁し、それを金銭に代えて帰国する。その獲得金額は、五か月の間に七〇〇〇両ほどになったという。

このような動向に対して、藩も無関心ではいられなかったらしく、慶応元年、蝦夷地に出漁する男鹿民衆に対して、藩が役銀を賦課する法令を出した。要点は、次のようである。

・男鹿の村々から近年蝦夷地へ出稼ぎに出る鱈釣船についてはこれまで禁止してきたが、少なからず余勢にもなることなので、格別のとりはからいで一〇〇艘に限って許可する。ただし、一人につき、役銀一二八匁を申し付ける。
・出漁する際の積荷については、戸賀・船川で川方本締役・見廻役の調べを受けること。
・食糧米は、一艘につき一〇石まで積込みを認める。その役銀は両湊の半額とする。
・御禁制の品物などを積込んだ場合は厳重な処分を下す。

出漁にかかる役銀が一人一二八匁というのは、幕府の公定相場でいえば約二両にあたり、決して軽いものとは言えない。つまり、男鹿民衆の蝦夷地での鱈漁は、それだけの役銀を支払ってもなお手元に利益を残すものだったということになる。

男鹿の人びとと蝦夷地の関わりは、史料が少ないためあまり明確ではないが、かなり密接なものであったと推測される。『利尻町史』に、明治四年の段階で同島に永住出稼人として居住している人びとの人数を記

No.	名　前	出身地	外雇
1	鈴木平蔵他	水戸	166
2	伊兵衛	江差	26
3	市助	津軽笊石	15
4	半次郎	松前吉岡村	4
5	彦右衛門	松前	4
6	市蔵	松前	2
7	六右衛門	松前福嶋村	3
8	善三郎	秋田釜谷	14
9	喜兵衛	秋田男鹿	8
10	金助	秋田男鹿	8
11	嘉兵衛	秋田男鹿	7
12	嘉七郎	秋田男鹿	7
13	松之助	秋田男鹿	6
14	与五郎	秋田男鹿	8
15	利兵衛	松前総社堂町	13
16	専四郎	秋田亀田	7
17	松之助	秋田男鹿	11
18	善左衛門	秋田男鹿	7
19	政治	秋田戸賀	7
20	又助	秋田男鹿	7
21	清吉	秋田男鹿	7
22	庄兵衛	秋田男鹿	7
23	馬之助	秋田男鹿	7
24	善七	秋田男鹿	7
25	惣次	松前総社堂町	13
26	長次郎	秋田男鹿	7
27	寅吉	秋田男鹿	7
28	嘉右衛門	秋田男鹿	7
29	藤兵衛	秋田男鹿	7
30	重吉	秋田男鹿	7
31	和吉	秋田男鹿	7
32	弥次郎	秋田男鹿	3
33	専太郎	松前	16

○「天塩国山口・水戸藩書類」（明治４年）より作成。北海道立文書館所蔵。

した史料が載っている。それを見ると、松前・津軽の出身者とならんで、「秋田男鹿」と記された者が多いのである。史料は、出身地・人名の次に、その人物とともに移住したと思われる人数が記載されているが、その人数を含めると、男鹿出身者は八二人におよぶ。これは同史料に記載された出稼者全体の中で見ると約十二％であるから高い割合ともいえないが、松前・津軽出身者以外が男鹿出身であることに関心をひかれた。『利尻町史』が載せた史料は、北海道立文書館が所蔵する「天塩国山口・水戸藩書類」（明治四年）という簿冊に収録されているものであった。明治二年になって、蝦夷地は「北海道」となり、マシケとリイシリは、それぞれ山口藩と水戸藩に預けられた。これはその頃に作成された簿冊史料である。

　先に書いたように、リイシリ島は一時秋田藩の管轄下にあった。また、同島を経済的に支配していた場所商人は伊達林右衛門家である。そのようなことから同島に男鹿出身者が多いのだとすると、秋田藩の本陣屋が置かれ、伊達林右衛門家の場所経営の中心であったマシケについて、この史料から重要なデータが得られるのではないかと考えた。『利尻町史』は、当然のことながら同島に関する部分より掲載していない。これは、「天塩国山口・水戸藩書類」という史料を見るために札幌まで行く必要がある。私は、買ったばかりのデジカメを持って札幌まで出かけ、待望の「天塩国山口・水戸藩書類」を手にした。予測した通り、この簿冊にはマシケ部分の永住出稼者名簿も収録されていた。ところが、である。なんと、出身地の記載がいっさいないのである。

つまり、マシケを管轄した山口藩の役人は、この調査をした時、各出稼者の出身地を記入していなかったのである。ここには、リイシリの出稼者の数をはるかにこえた夥しい人数が記載されていたが、私が求めていたデータはなかったのである。ひどい脱力感に襲われたが、少なくない旅費をかけて調査にきたのだから、脱力ばかりもしていられない。

そこで、私は、水戸藩部分を見直すことにした。すると、『利尻町史』が収録した部分のほかに、同藩の管轄下にあった苫前郡に関する出稼者の名簿があった。そしてそこに、かなりの数の男鹿半島出身者を確認することができたのである。それが前頁の表である。

これによると男鹿出身者は一七〇人におよび、当時この地を管轄した水戸藩から動員されたと思われる人数をわずかだが超えている。全体に占める割合は三六・六%と、高い割合を示している。これは、冒頭に引用した『伊頭園茶話』の事実を傍証するデータといえる。むしろ逆に、追い鱈漁というかたちで幕末から蝦夷地との関係を強く形成してきたことが、明治初年の出稼移住率の高さに結びついているのだと言えるのかもしれない。苫前郡はマシケに隣接する西沿岸部である。とすれば、出身地の記載はないものの、私が推測するように、増毛郡に記載された多数の出稼移住者の多くが男鹿出身者であったことは間違いないように思われる。出身地の記載がない増毛分の出稼者の人数を記した史料の写真は今も持っているが、いまだにうまくデータとしての処理ができずにいる。

なお、前半でふれた男鹿の蝦夷地鱈漁に役銀を賦課したという史料は、男鹿の地域研究に大きな足跡を残された磯村朝次郎氏から紹介していただいたものである。氏が、亡くなられる前に共通の知人を通してコピーを下さったのだが、その所蔵者については確認できずに今に至っている。もし心当たりのある方がおられたら、ご教示いただければ幸いである。

北家のアウトドアライフ

北家は、佐竹氏一門であり、多数の組下給人を従える所預《ところあずかり》として角館に居住した。その日記は、延宝二年（一六七五）からおよそ二二〇年間にわたる記録であり、「北家御日記」として秋田県公文書館に所蔵されている。当主の筆になるもののほか、家臣が記述したものもあって、本来性格の違う冊子が一群となって整理され、現在の形になったものと思われる。その記録された期間の長さから、秋田藩政を知るうえで好個の史料と考えがちであるが、その時代や冊子によって記述内容に精粗があり、またかならずしも政治的な記録というわけでもない。むしろ、北家自身の生活に関する記事のほうが多いかもしれない。

私がこの史料に初めて出合ったのは、高校現場から御堀端時代の秋田県立秋田図書館古文書係として異動になった時である。印刷化を目的として執筆された手書きの原稿と原本を照合するという仕事であったが、最初読んだ時の感想は、「なんだ、この面白くない史料は」だった。しかし、いまゆっくりと読み返してみると、政治的な部分以外にもそれなりの面白さがある。書くべきことはたくさんあるが、ここでは北家のアウトドアライフというテーマで、面白いところを拾い読みしてみたい。

北家のアウトドアライフと言えば、桧木内川での魚捕りと鷹野（鷹狩）である。しかし魚捕りにもさまざまあってなかなか興味がつきない。もっとも手軽なものは釣りであるが、これは、記録としてはあまり出てこない。それぞれの嗜好もあるし、どの当主もこれを好んだわけではないだろうから、記事が少ないのはやむを得ない。よく出でくるのは、八代藩主佐竹義敦《よしあつ》が入部するまでの数年間、藩政の表舞台で活躍した佐竹義邦《よしくに》が、角館に帰って隠居してからの記事で、力が抜けたような義邦が毎日釣りに出かけ、「手柄なし」（獲物がゼロ、つまりボウズだった）などの記事を読むと枯れた感じがしてしまう（隠居の直前、義邦は組下とのトラブルで遠慮処分となっていたから、そのせいもあるだろう）。

次ははね網である。「今日はね網遣候ところニ鮎六十七取候て、暮合ニ帰候」などと出てくる。延宝三年六月の記事である。貞享四年（一七一九）八月の記事では、「今日ハ数馬はねあみ出候。鮎三百五六拾取候由也」とある。これは、当主自身は出かけていないが、家臣が捕ってきた数である。これに続けて当主は、「鮎は近年これなき夥しき事、毎日上下川へはねあみ六七組出候へとも尽きざる由也」と書いている。

これですごいものだなと驚いてはいけない。簗《やな》という方法では三千匹を超える鮎が捕れたという記事がある。「御簗へ鮎三千余落　御前へも六百余上申候、残而ハ御簗拵候者共ニ被下候」とある。正徳元年（一七一一）六月の記事である。簗というのは、川の瀬に杭を打ちならべて水を塞き止め、一箇所だけあけて簀を張り、川を移動する魚をそこで受けて捕る仕掛けである。それにしても三千匹余というのはすごい。当時の自然の豊かさに驚かされる。

かわったところでは鵜《う》による捕獲がある。いわゆる鵜飼である。正徳元年は特に鮎が捕れたらしく、同じ六月の日記に、「鮎惣々七百八拾四、今日鵜懸ニて上《あがり》候、鵜数今日は十二ニ候、右の鮎能《よき》をハ鮓《すし》ニ仰せ付つけられ久保田へ御進物ニ遣わされ候筈ニ候」という記述がある。この鵜飼は、後年まで行われている。貞享四年の記事には、「留川はねあみ不利ニ付今日より鵜入させ候、それにつき我等も九ツ半頃より出見候、かちか瀬より使候由、栗木瀬より鵜崎迄見物候て七ツ時分帰候、屋敷へ上候鮎千弐百余也」とあるから、はね網より効率的であったのだろうか。これは同年八月の記述であるが、鮎一二〇〇匹を北家に献上したとあるから、実際にはそれ以上取れたのであろう。ちなみに留川というのは、塞き止めた川のことではない。北家および北家が許可した者以外の者が漁をすることを禁止したということである。

この鵜については、角館住民のほか、北家も飼っていたようで、明和四年の記事には、「今朝より家中の鵜宮田辺迄参候、小林平馬・簗田久蔵預鵜、手柄鰷・蘇魚取合弐十計上ヶ候」とある。北家の家臣が世話をしていた鵜がいたことがわかる。これを「御用鵜」と言っている。また、「今朝より河内・堅治落合辺より留河迄鵜ニ出候、鮎二十持参申候」ともあるから、北家の家族自体鵜を用いて漁をしたと思われる。とはいえ、実際に漁をしたのは供についた者かもしれず、またその方式も、現在私たちが長良川の鵜飼で知るような形であったとは限らない。岸辺から長い紐をつけて操作したのかもしれない。

こうして捕獲された鮎は、鮓《すし》にされ、久保田や縁戚関係への進物とされた。「一桶」などと記載され、それには五〇匹の鮎が入っていたようである。

また、「なめうち」というものがある。山椒の皮を粉にしたものを流すと、魚が痺れて泳げず、浮いてくるところを捕まえるのである。「卯之尅より古川へなめ打ニ行候、供織部・(中略)、手柄鮎・雑魚とも二三千五百ほとこれあり候」(「北家日記」安永二年六月十一日)というのだからすごい。七月の下旬でも、「八ツ時停川なめ打これあり候、手柄鮎四百五十ほと」とあり、鮎だけでも相当数捕っている。

これについては、北家は農民だけでなく家臣や組下給人に対しても禁止しているが、自分たちは時々やっている。かくれて「なめうち」をしたところを報告され、北家当主の逆鱗にふれ、遠慮となった組下もいる。

最後は鱒狩である。川を塞き止めておいて、遡上してきた鱒を川に入って捕えるのである。

辰尅比より門屋釜淵へ河内・堅治同路鱒狩ニ参候。河辺ニて直々昼食給候。鱒三拾五本上り候。夕方明神渕より釜之留迄瀬狩申候。是にて十弐本上り候、都合四拾七本、右の内河子のもの或ハ門屋・西明寺両肝煎或ハ料理なとに遣候。屋敷へ三拾本持参申候。暮半頃帰候。

これは、明和三年（一七六六）六月五日の記事である。筆記者は、当主の佐竹義邦で、史料中にみえる「河内」・「堅治」は、それぞれ義躬・長貞と思われ、異母兄弟である。「河子」というのは、鱒狩を援助した人足（農民）であろう。彼らへ獲物の何本かを与え、屋敷へ持参した手柄は三〇本ということである。これをまた、家老や側回りの者たちに与え、残った分は、自分たちの食糧とし、また鱒鮓をつくって進物などにした。

鷹野の記事も多い。当主によっては、仕事の事より、まず鷹野の手柄を記録することに熱中していたのではないかと思われる殿様もいる。記事は、おおよそは冬場に多い。将軍や大名は、鷹場と呼ばれる鷹狩専用の場所を持っていたが、大名の家臣クラスになるとそれがない場合が多い。北家も、鷹野に出かける場合は、中野清水・岩瀬向などへ出かけたと記しているが、その場所に鷹狩専用の御鷹場があったわけではない。

最初に確認しておきたいことは、鷹は武士身分のヒエラルヒー（上下関係）を示すアイテムでもあったということである。大名が鷹を使うことができたのは、将軍家から許可されていたからである。それと同じことが大名と家臣との間においても言える。誰でも鷹を使うことができたのではない。そしてこのことは鷹を使う際の条件にも及んだと思われる。北家の支配した土地は知行地であり、藩主から支配を許された土地であるが、何をしても許されたわけではない。本来藩に帰《き》すべき土地であるから、勝手に鷹場専用の土地を設定することはできなかったと思われる。とすると、獲物の多寡にもよるが、心おきなく鷹狩ができるのは農閑期ということになる。獲物は、鴨・雁・菱喰《ひしくい》などが多い。

さて、それでは一回の鷹野でどれくらいの獲物が捕れたのだろうか。

我等ハ四ツ半過より鷹野ニ野中清水辺へ行候。鴨これなく小白川迄行候へともこれなく、扇田鴨一より翕《あわせ》候。遠候故捉えず。帰ニ若みこ川原郷迄行候へとも鴨これなし。七ツ過ニ帰候也。

手柄をあげることができなかったという記事である。「一より翕候」というのは、一度だけ鴨を捕らせようと試みたということである。遠かったので失敗したとある。次も手柄なしの記事である。

五ツ過より我等ハ鷹野ニ行候。袴田・長野・乙森辺ニも鴨一切見かけず候。昼休袴田也。昼後椿辺迄行候へとも無之、一よりも翕せず、七ツ時分ニ帰候。

一箇所ではなく、あちこち獲物をたずねて廻っていることがわかるだろう。どちらも貞享四年の記事で、前者が九月、後者が十月の記事である。

獲物がとれた場合を見てみよう。明和八年（一七七一）を例にとってみる。十月五日、御閑居様（隠居した佐竹義邦）が下延方面へ行き、鷺一羽、あいさ二羽。九日、当主義躬自ら出かけたが、あいさ一羽のみ。ちなみにあいさは、あいがものことである。十一月に入って冬鳥が多くなっているはずであるが、三日、五日、六日は手柄なし。十一日岩瀬向でクロガモ一羽・マガモ一羽、十四日は長野村に泊りがけで出かけ、マガモ二羽。十七日は岩瀬向でマガモ二羽。

一つひとつ書いていてもきりがないから、一番獲物が多かった時をあげると、十二月九日で、北浦方面に出かけ、クロガモ一羽・コガモ一羽・あいさ四羽・ヤマドリ一羽である。なかなか捕れない、難しいのである。なお、時々鶴や白鳥の記事もみえるが、雁とともにこれらの大型の鳥は鉄砲で撃ち止めたものである。鷹野といっても鉄砲も持参し、それを用いて大型の鳥を捕獲したようである。

かわったところでは、「追鳥《おいどり》」がある。次は、延宝四年十一月の記載である。

六つ過ニ此方出卒田へ追鳥ニ行候。供ニハ新蔵人・数馬・平内・権右衛門・甚内・与五右衛門・理助也。梅沢辺《あたり》卒田《そつだ》と両所にて雉二十三取。昼谷地川村也。天気悪敷《あしき》故梅沢ニハ雉ちと立候へとも、存じのごとく取れざる由。昼過ニかまの川辺雉十七取候。鴨二捉えさせ、暮前ニ帰候。

これは、鷹狩ではない。勢子などを大勢動員して、雉やヤマドリを追いこみ、弓や鉄砲で猟をするのである。網も使う。当然勢子になるのは農民である。陰暦の十一月、角館は一面雪であったろう。それだからこそできる猟なのである。これは農民を多人数動員しなければならないから、準備も必要であり、そうたびたびはできない。

こうして、捕れた魚や鳥などの獲物がどのように調理され、どのような料理に仕上がったのかは興味深いところだが、魚は塩漬けか酢《すし》、鳥は吸物以外、管見の限りでは「日記」には出てこないのでわからない。

少し長めのあとがき

私が高校生のころ、「昭和ブルース」という歌が、少しばかり流行った。「生まれた時が悪いのか、それとも俺が悪いのか…」のフレーズで始まるやや暗い歌は、後にテレビの刑事ドラマの主題歌として再ヒットするが、本来は、映画「若者たち」三部作のうち第二部の挿入歌として歌われた曲である。学生運動をめぐって親友と対立し、その親友からの暴力をうけるというかたちで決別しなければならなかった主人公が、傷心のまま暗い路地を歩いている時にこの曲が流れるのである（ちなみに、主人公は佐藤圭、その親友はなんと、江守徹である。若い）。

当時、この歌詞が話題となって、友人が「もし時代が悪いと考えるのがお前だけだったらお前が悪い。けれどそう考えるのがお前だけでなかったら時代が悪い」と語ってみせたことを記憶している。いま思えば、穴があれば入りたいくらいになんとも幼稚な議論をしていたものだと思う。しかし、もう少しこの議論を進めると、その悪い「時代」は誰がつくったのかという問題に変わる。そうして突き詰めていくと、自分ということになるだろう。

しかし、ふだん、私たちはそうは考えない。時代や社会、あるいは国は、私たち個人とともに平和裡に継続していると考えがちである。その前提には、今日の生活が（あるいは今の暮らしが）明日もそのまま続いていくという前提がある。典型的なのが、あれほど甚大な被害をもたらした東北大震災と原子力発電所の事故の記憶を薄れさせ、オリンピックを話題にする「私たち」であろう。

しかし、時代は、大きな変化を見せない場合でも確実に変わっていく。たとえば、「若者たち」である。

この映画のもとは一九六六年に作られたテレビドラマであるが、苦楽をともにする両親のいない五人兄弟が、泣き、笑い、毎回ちゃぶ台をひっくり返して取っ組み合いの喧嘩をするのだが、その背景にあるのは、貧困・差別・労働環境・教育など、常に政治・社会の問題であった。これが、二〇一四年にリメイクされた。ご覧になった方もおられるだろう。ここでも旧作を踏襲し、議論・喧嘩・ちゃぶ台返しが（それほどなかったかもしれない）メインとなった。しかし、そのテーマは、不倫であり、兄弟を含む三角関係という具合に、すべて今ふうの恋愛問題であった。森山直太郎が歌う主題歌も妙に明るく、かつてブロードサイド・フォーが歌った重厚さはない。ここには、時代の変化がはっきりと浮き出ている。

歴史研究は、時代と人間の切り結び方の特質を、史料という客観的な証拠をそろえて明らかにしていく行為である。私自身は、何がテーマかと聞かれれば藩制史と答えるが、それは、藩が近世国家を構成する重要な要素であるからであり、最終的な関心は国家に向けられている。しかし、その制度が主要なのではなく、実はそこに暮らす地域の人びとの、その時代ごとに克服すべき課題を明らかにしたいのである。だから、私の歴史研究の基底では、国家と「私たち」は基本的に対峙する構図のなかにある。古いようだが、私の国家観は、かの著名な経済思想家の定義から自由になっていない。

近年、歴史学も大きく変わりつつある。国家の規定にしても、民意や「世論」などの概念を用いて「支配のための暴力装置」という国家観を「相対化」するというような研究も現れている。これについては拙著で批判を試みたが「難解なご批判でした」という私信を頂いただけで相手にして頂けなかった。私信ではこれ以上学問的な議論はできない。私には、これまで「階級矛盾」や「階級闘争」と表現されてきたものを新しい概念に置き換えることで、国家と民を対立的にとらえる構図を換骨奪胎する論にしか思われないが、歴史修正主義に利用されないことを願うだけである。

ただ、自分が生きてきた時代は、直接的に戦争を経験することもなく、良い時代であったと思っている。

しかし、そうしたなかでも時代・社会の変換を感じてもいる。この先にあるものは、穏やかな日々か、あるいは未曾有のカタストロフィか。後者であるならば、それを見ずに人生を終れることを喜ばなければなるまい。できるならば「美しい国」が、あらたな戦前でないことを、次世代のために願うばかりである。

さて、今回の著書は、無明舎出版の安倍さんから、論文にならなかったけれど面白いと思われるようなものを無明舎のホームページで連載してみては、という提案を受けて取り組んだものである。安倍さんは、歴史エッセイ風のものをと考えられたらしいが、やはり作文力のない私にはエッセイは書けない。そこで、これまでの研究から抜け落ちてしまったこと、堅い論文として発表したために一般の郷土史愛好家の人の目にはふれにくいけれど、近世の秋田を理解するうえでぜひ知っておいて頂きたいと思われること、日々の史料読みのなかで注意を喚起されたこと、市民講座でお話ししたことなどを短文としてまとめてみた。どこから読んでいただいても結構である。このうち三〇項目ほどは無明舎のホームページに掲載したものであるが、やはり語句の変換ミスなどが目につき、他はあらためて書き下ろすことにした。ホームページに掲載したものも、ミスを直し、論理的におかしなところは書き換えた。出版事情の厳しい状況下にあって、著書を出版できることは幸せであり、このような機会を下さった安倍甲氏には心から感謝申し上げたい。

二〇一七年四月

【参考文献】

《著作・論文など》

伊藤勝美「『佐竹家譜』編纂に関わる若干の資料」。『秋田県公文書館研究紀要』創刊号。一九九五年。

今井典子『近世日本の銅と大坂商人』。二〇一五年、思文閣出版。

加藤民夫『秋田藩校明徳館の研究』。一九九八年。秋田活版印刷株式会社。

金森正也「秋田「郡方」支配考」。『秋大史学』三〇、三一号。一九八四・五年。

「当高制の再検討」。『秋大史学』三七号。一九九一年。

右の二編はともに『秋田藩の政治と社会』(無明舎出版)に再録。

「寛政期秋田藩における改革派官僚の形成」。『秋田県公文書館研究紀要』八号。二〇〇二年。

「大坂留守居役と館入」。『秋大史学』六〇号。二〇一四年。

小関悠一郎『〈明君〉の近世』。二〇一一年、吉川弘文館。

今野真「秋田藩後期給地支配の一考察」。『秋田近代史研究』二三号。一九七八年。

柴田次雄「秋田藩天保一揆に関する一考察」。『秋田史学』二三号。一九七六年。

田中俊次『風俗問状答』。一九二四、郷土趣味社。

半田市太郎「在方商人本郷家における経営の展開」。秋田経済法科大学付属経済研究所『経済研究所報』第一七輯。一九八九年。

半田和彦「地方知行制と代地策による知行地の分散」。『秋大史学』六二号。二〇一六年。

平川新『紛争と世論』。一九九六年。東京大学出版会。

深谷克己「民間社会と百姓成立」。『深谷克己近世史論集』第一巻。二〇〇九年、校倉書房。

前田勉『江戸の読書会』。二〇一二年、平凡社。

眞壁仁『徳川後期の学問と政治』。二〇〇七年、名古屋大学出版会。

水林彪『封建制の再建と日本的社会の確立』。一九八七年、山川出版。

中山太郎『校註諸国風俗問状答』。一九四二、東洋堂。

柚木學『近世海運の経営と歴史』。二〇〇一年、清文堂。

《資料集・自治体史など》
『秋田県史』第二巻・第三巻、近世編上下。一九六五年。
『秋田県史』資料・近世編上下。一九六三年。
『秋田県の地名』。一九八〇年、平凡社。
『秋田市史』第三巻・近世・通史編。二〇〇三年。
『秋田人名大辞典』。一九七四、秋田魁新報社。
『秋田叢書』第四巻。「秋田風俗問状答」。一九三〇年、秋田叢書刊行会。
『新秋田叢書』第七巻。「伊頭園茶話」第一巻。一九六五年、歴史図書社。
『秋田藩町触集』上中下。一九七一～七三年、未来社。
『秋田風俗問状答』。二〇一六年、無明舎出版。
『東講商人鑑』。二〇〇六年、無明舎出版。
『奥のしおり』一九三八年、アチックミューゼアム。
『御亀鑑』第一巻。一九八八年、秋田県教育委員会。
『国典類焼』第十巻・軍部。一九八〇年、秋田県教育委員会。
『平鹿町史料集』第三巻、『羽陽秋北水土録』。一九九二年、平鹿町。
『渋江和光日記』第九巻。二〇〇二年、秋田県。
『日本農書全集』1。一九七七年、社団法人農山漁村文化協会。
『日本庶民生活史料集成』第九巻。一九六九年、三一書房。
『能代市史』資料編近世二。二〇〇〇年、能代市。
『編年百姓一揆史料集成』十九巻。一九九七年、三一書房。
『利尻町史』。二〇〇〇年、利尻町。

著者略歴

金森　正也（かなもり　まさや）

1953年、秋田県生まれ。
弘前大学人文学部卒、早稲田大学大学院文学研究科博士課程単位取得終了。博士（文学）
県内高校教諭。秋田県立博物館、秋田公文書館などに勤務。現在秋田県公文書館嘱託職員。

主な著書
『秋田藩の政治と社会』（無明舎出版）
『近世秋田の町人社会』（無明舎出版）
『藩政改革と地域社会―秋田藩の「寛政」と「天保」』（清文堂出版）
『「秋田風俗絵巻」を読む』（無明舎出版）
『秋田風俗問状答』（無明舎出版）

「秋田藩」研究ノート

発行日　2017年５月10日　初版
定　価　〔本体2000円＋税〕
著　者　金森　正也
発行者　安倍　甲
発行所　㈲無明舎出版
秋田市広面字川崎112-1
電話（018）832-5680
FAX（018）832-5137
印刷・製本　シナノ

※落丁・乱丁本はお取り替えいたします。

ISBN978-4-89544-628-0

金森正也著
秋田風俗問状答
A5判・一四八頁
本体二五〇〇円+税
江戸時代後期、諸国の風俗、習慣を知るために幕府は問状を配布、回答を求めた。その影印版・翻刻・現代語訳。注釈と解説のほか、カラー彩色絵図20頁を付す。

金森正也著
「秋田風俗絵巻」を読む
A5判・一二七頁
本体一八〇〇円+税
荻津勝孝が描いた江戸後期の絵巻（横14メートル・縦39センチ）は久保田城下の風俗を克明に描いた紙本着色1巻もの。この貴重な絵巻を解読する。

金森正也著
近世秋田の町人社会
四六判・四〇〇頁
本体三〇〇〇円+税
これまでの歴史書ではほとんどうかがい知ることのできなかった秋田の町場の人々の暮らしの姿が、分かりやすい文章と図版類で解読。

金森正也著
秋田藩の政治と社会
A5判・二六〇頁
本体四六六〇円+税
「当高制」の再検討から「郡方」支配考、近世中後期の土地経営、松前出兵、蝦夷地政策まで、広範な論考を集成し、地方史研究の陥穽を埋める。

則道（著）・三浦賢童（編）
秋田武鑑
A5判・二四四頁
本体三〇〇〇円+税
「武鑑」とは、大名や旗本の氏名や家系等を一目でわかるように記した、江戸時代の紳士録。秋田藩重臣各家を調査研究する上で必見の書の影印版。

今村義孝校注（戸部一憨斎正直著）
奥羽永慶軍記〔全一巻〕
四六判・一〇二六頁
本体九四〇〇円+税
昭和41年、人物往来社から上下巻として刊行された奥羽の戦国史を一巻本として復刻。東北群雄の興廃を哀歓こめて描いた戦記文学の傑作。